龍馬の洗濯

――亀山社中から薩長同盟

表紙写真について

表紙にある坂本龍馬の写真は、長崎で開業していた上野彦馬のスタジオで撮影された、とされている。ライトなど無かったから、十分な光量を得るために、当時の撮影は晴れた日に屋外で行われた。左上に見える隙間は空であろう。後ろの波型模様は、日光が通るカーテンのようなものだろう。撮影された時間は、光線の入り具合から察して午前十一時頃ではないか。上野彦馬の被写体になった人物には、高杉晋作、桂小五郎、伊藤俊輔（博文）らがいる。彼らが写真におさまった理由の一つは、功名心である。俺が幕末に活躍した人物であるとの証拠を残したかった。もう一つは、遺影を残すためであった。志士は、いつどこで命を落とすや知れぬ時代である。写真をとると命まで取られる、という迷信がはびこっていたが、「そんなこと、どうでもいいや」としっかり写してもらった。上野彦馬は一等写真師の看板を立てていたが、舎密学《せいみがく》(化学）を学んでいたころ、オランダの先生に「これはどういう意味ですか」と質問した言葉が、ポトガラヒーであった。これを研究しよう、となり、独自に写真機や現像液などを開発して日本で最初の写真家として活躍するようになった。そして、多くの若者が上野彦馬を訪ねて、後世に残る一枚を撮影してもらったのだ。

目次

目　次

目　次

目　次

カバーデザイン協力　荻原　修平
カバー写真協力　高知県立歴史民族資料館

はじめに

幕末社会を背景に坂本龍馬の活動ぶりを現代に引き寄せ、いわば合わせ鏡に映し出そうとしたのが、本書『龍馬の洗濯』です。坂本龍馬が日本を洗濯していく姿を考えていく一冊です。

幕末社会は内憂外患、手探りで明日をつかもうとしていた、と言えます。だからこそ日本のために、と立ち上がった多くの若者たちがいました。坂本龍馬もそのひとりです。「日本を洗濯する」と、龍馬は述べていますが、亀山社中は、いわば、その洗濯機でした。亀山社中は浪士を集めて、商いを組織的に行う目的で設立されました。この商いの組織が幕末に存在しなければならなかったのは何故なのか、本書では坂本龍馬の人脈を手繰り寄せながら、社中の動かし方を観察しました。社中とは会社の意味です。

本書では、天保に生まれた世代にも一項目を当てています。幕末社会で活躍した人たちの多くが天保の生まれであるのは、なにやら申し合わせたようで、歴史の大きな歯車の動きが生んだ、時代の子と言えるような気が致します。

彼らの考え方や行動を大きく分類すると、倒幕派と佐幕派とに分けられます。二つの正義が争剋して、蒼き行動者の群れとなったのですが、それは本流と逆流とが交わり渦を巻きながら、やがて新しい時代の海へと流れていきます。

先の見えぬ社会で、行動の価値を詮索するのは無意味です。それぞれが、みずからの正義を確信しているからです。ゆえに二手に分かれて打ち上げた放物線は京都で交わり、スパークを発しました。幕末の大きな意思に操られた青春群像が、現代にも見えてくるのです。

しかし、流れの曲がり角に立ち、うねりを調整するキーマンとなるべき人物が各所に必要でした。そこに誰が立つべきなのか、曲がり角を拡大してみると、その適任者がすでに歩を進めながらも悠々として近づいている。ゆとりのない社会に「ゆとり」のある人物が、キーマンとなって動いていく。激しく揺れ動きながらも、幕末とは、そういう時代でした。

ところが、現代の日本社会は確かに豊かではあるけれども、私たちには龍馬のような「ゆとり」が、なかなか見えてこないのです。心の免疫力が足らない。だから、危機管理に弱くなる。ちょっとした問題にも、解決に立ち向かえなくなる。少々乱暴な言い方をすれば、カネでかたをつけられる、と考えているのかもしれません。豊かであるけれども、策の立て方がわからないから、法規と保険でしっかりガードされた社会が作られていくのです。

幕末に生きた人たちが現代の私たちに人気なのも、問題解決に立ち向かうときの「ゆとり」を知るからです。「焦っちゃならんどよ」と龍馬の声が耳元に届くようです。坂本龍馬や勝海舟、高杉晋作、土方歳三、近藤勇ら、時代背景は違っていても、私たちとたいして変わらないのです。一四〇年前に遡れば彼らに出会える。髷《まげ》を取り、スーツに着替えれば、みんな同じにみえてきます。そうか、あの人は勝海舟のタイプ、この人は土方歳三のタイプだ、と当てはめていく事が出来ます。そういう近さもあります。

本書は幕末ビジネスを語る一冊です。

坂本龍馬が立ち上げたカンパニー・亀山社中は、幕末では一歩も二歩も先んじたビジネスの組織です。総合商社の性質を備えているところも画期的です。蒸気船を買うのは値が張るから、レンタルで間に合わせるのが龍馬の考え方です。幕末の商いとして見れば画期的です。

亀山社中の隊員は、いわばビジネスマンです。旧体制との対立は当然としても、商いにかかわる組織ゆえの、対人関係や内輪のもめごともありました。それらの乗り越え方も、本書では取り上げました。

亀山社中から海援隊に至っても、その社員に散見できるのは、心に一幅の余白部分を残して問題解決に立ち向かって行動する姿です。まだまだワシらには余力があるぞ、との力強さが伝わってくるのです。

本書を開けば、日本を洗濯していく坂本龍馬の姿が見えてくるでしょう。

平成十七年一月

高杉　俊一郎

第一章　プロローグ　時代のゆくえを読みきる

幕末はヘンな時代か

亀山社中は幕末当時での欧米型のカンパニーである。なぜ、日本にそのような会社組織が誕生したのか。それはなぜ坂本龍馬によるものなのか。

幕末は多くの人たちが「ちょっとヘンではないか」と気がつき始めた時代である。庶民はそれでも「ええじゃないか　くさいものには紙をはれ　やぶれたら　またはれ」と、女は男装、男は女装して歌い踊りだした。

京都で突如として始まったこの踊りは、社会現象としても奇異であった。

ではどこがヘンなのかとなれば、幕末に姿を現した時代の曲がり角が不可解な社会現象として出てきたからだ。幕府の権威はゆらいで、これからの日本が見えてこない。かといって、庶民に日本を変えていく力はない。いらだった幕末社会のヒステリー現象であった。

ペリー率いるアメリカ艦隊が浦賀沖に姿を現したのだ。ズドーン、と空砲を撃ちならして住民を威嚇し始めたのである。四隻の軍艦はマストを高々と天空に突き出し、その様子は山のようであった、と言う。

〽日本を茶にして来たか蒸気船　たった四はいで夜も寝さされ

嘉永六年（一八五三）、ペリー率いる黒船来襲のとき、茶の正喜撰《しょうきせん》をもじった、このような狂歌も大流行する。

幕末の日本は、上よ下よの大混乱に陥っているのだが、アメリカは「また来るから」と軽く言い残して、一旦は浦賀を去る。

将軍をはじめ諸大名らが迫り来る欧米列強の嵐を日本に寄せつけなければよい、とりあえず「打ち払え」と短絡的な対策を考えるのは自然であった。日本六十余州の国々は筋道を立て物事の道理を解くには無知であった。徳川天下泰平の時代が続いてきた幕末に訪れた内憂外患に備える力量もなかった。

老中安部正弘に、策をもちいて黒船四隻の乗員を捕まえ、大砲も分捕ればよい、と申し出た水戸の学者もいたのだから、日本人がこぞって、怖いがどうにかなると考えていた。しかし具体的な策が見えない。焦眉の急であるが、無知は恐怖を引き起こす。恐怖＝くさいもの、に紙を貼るしか策は無かった。

だが次第にどうにもならなくなった。そういうヘンな時代回りだからこそ、幕末に多くの日本人たちが問題の解決に立ち上がった。坂本龍馬もその一人である。

欧米の嵐が過ぎ去るのをじっとして待つという余裕もない。価値観が混沌としてきて、理屈でどうこうは言えない時代が幕末なのである。

しかし黒船来襲のとき、江戸で剣術を修行していた十九歳の坂本龍馬は、そのとき「めっそう、どでかい船が四隻も来よるげな。小舟で漕《こ》ぎ寄せてぶん取ろうかい」などと、のんきなことを言っている。元寇の昔くらいに構えている。考えも、まとまっていない。一介の剣士に過ぎないのである。龍馬には、そんなの、どうにかなるわい、という程度である。

しかし人は点と線との結びつき方で大きく変わっていく。坂本龍馬のような、ただの人が、他の人たちとの出会い、出会わせた環境などで随分と変化していく。そのネットワークの編まれ方も、坂本龍馬の三十三年間を読めば分かってくる。

幕末はヘンな時代だからこそ、点と線との繋《つな》ぎ方も自在で龍馬のような人物を日本が生んだ、とも言える。

坂本龍馬は天稟の奇略家と形容されるが、彼のような人間は現代にも多くいる。私たちと、たいして変わらないのである。たかが今から一四〇年ほど前の事である。

人間の進化もさほどでもなし、であろう。通勤電車の吊革にぶら下がっている隣の人が、坂本龍馬や高杉晋作であったりする。自分の会社も、亀山社中が元祖と考えれば、幕末に学ぶところは多々ある。しかし、出会いが人間を変えていく。そして、自分の能力を弾《はじ》き出すエネルギーになるのだ。

吉田松陰と出会った人たち、勝海舟に一喝された人たち、「浪士募る」との求人広告を見て、新撰組に入隊した人たち。たとえ元はみな同じ青年でも、人との出会いと環境で、人生は大きく変化するものである。

そのネットワークを今に再現できて、身近で分かりやすい人物が、坂本龍馬なのである。ごく普通の人間が、なぜこうも成長したのか。

勝海舟の弁舌に圧倒される

坂本龍馬や亀山社中は、勝海舟なしには語れない。

龍馬が出会った、もっとも重要な人物である。亀山社中の発想も、軍艦奉行、勝海舟から引き出された。勝海舟とは龍馬にとって何者であったのか、二人の出会いを通して、龍馬が亀山社中を設立する動機付けが見えてくる。勝の影響力を述べておくことが必要である。

開国か攘夷か、政治的・社会的には国論が二分していた時期に、攘夷論者であったのが坂本龍馬である。しかし攘夷に拘泥していたわけでもない。時勢の動きに迎合し、とりあえず攘夷論者であろうとの程度である。単純な尊王派でもなかった。

「朝廷というよりもまずは神州を保つの大本を立て」と述べたりもしている。尊王攘夷の一派が聞けば目をむきそうな言葉である。

しかし、まだ攘夷論者を気取る龍馬だ。身分は郷士である。その坂本龍馬は天保六年（一八三五）に土佐で誕生した。

田舎の若者らしく、江戸に憧れ剣術の稽古を建前にお江戸お玉ヶ池の玄武館に入門した。嘉永六年、龍馬十八歳。この道場は千葉周作が開き北辰一刀流の免許皆伝を得る事のできる名門塾である。

普通、二年くらいで免許を得て卒業し塾を離れるのだが、龍馬はまだ塾に名を連ねている。龍馬の人格を見込んで塾頭に推挙されたりで、当塾から離れられなかったのである。気楽な青春時代をすごす龍馬の姿が、花のお江戸にあった。

玄武館は後世に、維新の推進に大きく貢献した道場の筆頭に上げられている。多士済々、維新に寄与していく人物がより多く集ったからである。

文久二年（一八六二）秋、その江戸桶町の道場で知り合った剣豪の千葉重太郎を引き連れ、赤坂氷川神社の裏手にある勝海舟の邸宅を訪れた。軍艦奉行としても名高い勝の考えを聞きたかったのだ。そのとき龍馬、二十七歳。土佐を脱藩する前の、修行の身でもある。

赤坂の勝邸を訪れた龍馬は、意見が合わず対立した場合には、「そやつを北辰一刀流の名誉にかけて斬る」つもりでもあった。そのころの龍馬は、江戸ではその名も知られていない、一介の剣客にすぎない。ところが、勝はすでにこのとき咸臨丸《かんりんまる》でアメリカを実地見聞して帰国した人間である。外国の諸事情を活きた知識として知っている。

勝邸に入った二人の前には、勝の小さな背中が見えた。後ろ向きである。

「おいでなすったな。ずっと前から待っていたのだよ。千葉重太郎さんもご一緒だな」と、勝は二人を待ち受けていたようである。

龍馬は一瞬キツネに包まれたようであった。

場合によっては、問答無用のもとに斬るつもりの相手のはずであったが、つい「勝・・・先生」と呼んでしまったのだ。

勝は振り返ってこう言った。

「先生はよそうや。俺なんぞ剣術で、どうあがいても桶町の先生方にはかないっこないのさ。いいかい、坂本さん。列強艦隊は大国揃いだ。できもしない攘夷など、捨ててしまったほうがよい。今大事なのは、欧米と対等に付き合える日本を作ることなのだよ。まず、すべきことは、日本の海軍を作り大洋に軍艦を浮かばせる事だ。このまえ、これについて幕府に上位書を提出したが、俺のことなんざ、ホラを吹いているとしか考えていない」と。

勝海舟から海軍と聞いて、龍馬は長崎や馬関海峡を往来する蒸気船の姿が頭をよぎった。この男は、日本の軍艦を現実のものにしようとしている。龍馬の脳裏に新しい日本が見えてきた。

蒸気船は新しい交通手段だ。馬や徒歩の時代ではなくなっている。時間の短縮が出来るし、海には面倒な関所もない。これを操って、欧米にも行ける。現に、欧米列強が日本に押し寄せているのだから、その逆も可能なのだ。龍馬の頭の中は、蒸気船で一杯になった。蒸気船を操る亀山社中の発想も、この時点から湧いてきたものと考えられる。

龍馬は攘夷の無駄を説き伏せられ、今や欧米列強と対等の国家を建設していくために、日本の海に軍鑑を浮かばせることの意義を悟る。軍艦は国家のステータスシンボル、日本の力量を世界に向けて発信させる道具であることも知る。龍馬は勝に出会って開眼した。

龍馬いわく。

「今や公の説を聴き大いに余の固陋《ころう》を恥ず」と、素直である。

龍馬は悟った。今、自分たちはこのアメリカを日本に近づけないよう攘夷論を吐いているのに、この男はすでにアメリカに渡り、政治や文化、人々の暮らしぶりを見てきたのだ、と。ゴールデンブリッジの話、カウボーイの姿、ギヤマンのショーウインドウ、電気器具など、龍馬には夢の世界が広がった。

勝はアメリカ議会の制度にも触れて二院制を説明し、民のための政治がそこにあるとした。オブ・バイ・フォー（OF・BY・FOR）とはどんな意味なのか、王(大統領)は民が選び四年で交代する、とも説明した。見聞して回った劇場や消防署などの感想も述べた。この直参旗本《じきさんはたもと》の開明論者に触れて、龍馬は攘夷といったことがどんなに困難、非現実的なものであるかを知ったのである。

弁舌で相手を説き伏せる勝である。龍馬もまた勝にやられてしまった。

攘夷とは、欧米列強に対する不安なうねりに動揺しながら膨らんでいる無知ゆえの恐怖だけではないか。龍馬は欧米と日本との格差を思い知った。日本人が敵に回せる相手ではない。攘夷をやめよう。

龍馬の考えは、開国こそが大事で今はその方策を探るべき時にあると悟り、単純な尊王攘夷から抜けた。頭の切り替えも早かった。開国＝蒸気船＝商い＝そのために必要な組織、という筋書きも見えて来たに違いない。

勝海舟、いわく。

「彼はおれを斬りにきた奴だったが、なかなかの人物さ。そのとき俺は笑って受けたが、そやつは、なんとなく冒しがたい威厳があったよ」と。

勝によれば「ある時分、沢山刺客や何かに冷やかされた」が、いつも先手の守備に成功した。剣を抜くより知恵が先にまわって行く男であった。ちなみに勝海舟は一生に一度も剣を抜いた事がない、という。知恵と胆力で相手をねじ伏せた。自慢する所以である。

このときの出会いから六年の間に坂本龍馬は亀山社中を設立し、また薩長同盟の仲介に尽力するなどして新生日本の基礎作りに、蒸気船を足に、日本全国を奔走していく。

しかし、龍馬は勝海舟や尊敬する人たちを鏡として幕末の世界を動いていたのではない。多くの出会いは、龍馬にとって人脈となる。そこに坂本龍馬という個人の世界が描かれていく。

胆力と剣術の境目

幕臣としては異端の勝海舟であった。活動の大きさのわりには、いわゆる身に迫る危ない話はほとんど出てこないのだが、一時期、坂本龍馬の依頼により土佐出身の岡田以蔵《おかだいぞう》を勝の護衛にあたらせたこともある。

岡田をつれて勝が京の夜町を歩いていたところ、案の定、突如三人の刺客が取り巻き、勝を襲った。勝が一瞬に身を交わしたところ、岡田が抜き打ちに長刀をもって、その一人を地にはわした。

このとき勝は「岡田くん、みごとな腕だが、無益な殺生はやめようや」と言ったが、岡田は「じゃけど勝先生、もし、こんワシがこの者を斬らんかったら、先生はやられていたぜよ」と答えた。

岡田以蔵は幕末史にも出てくる有名なボデーガードだが、道場には行かず、我流で剣術を身に付け独特な太刀筋を生み出した男である。

生まれ年もつまびらかでなく、柿の渋汁で染めて乾かした紙を何枚も重ねて縫い上げた紙衣《かみこ》を着ていた。赤貧ゆえにである。身分の低さを象徴する衣服でもあった。あまりにもそれが嫌で、紙衣の生活から抜けようと、しゃにむに剣術の稽古をして剣の技を磨き、身を立てようとした岡田衣蔵である。

このころ、土佐藩の実権を握っているのは土佐勤王党である。その党首が武市瑞《たけいちずい》山《ざん》だ。土佐藩主の山内容堂は大酒飲みで、朝から酔って候の藩主である。それに怒りっぽい性質である。これでは相談に行っても事を仕損じるだけだ。武市瑞山らには、たいして頼りにならぬ藩主である。酔っ払っている藩主から、確約は取れぬ。容堂とは号で、山内豊信《やまのうちとよしげ》が本名だが自分の性格に悩み、忍堂と名乗ろうとしていたが、何事にも寛容になれと自らに言い聞かせて、容堂とした。

土佐勤王党は政権の代理でもある。その盟主、武市瑞山がともあれ岡田衣蔵の腕前に注目したのである。岡田を「人斬り以蔵」と揶揄《やゆ》されるまで傍《そば》に据え置いて、凄腕の刺客に仕立て上げた。

武市が指揮したという暗殺計画には、その以蔵の腕がつねに介在していた。いつも酔ってはいるが進歩的な藩主山内容堂に対抗する、保守派の土佐藩参政である吉田東洋を手に掛けたのも武市であった。

そのうち、武市とは親戚筋にあたる坂本龍馬の口添えで、岡田衣蔵は京に上ることとなる。衣蔵は、天にも登る気持ちになったに違いない。

剣術を教授する道場は多かったが、剣の腕がトップだからといって、市井《しせい》に出てむやみに人斬りをやるわけではないし、単純に人を斬れるわけでもない。斬りあいはスポーツではない。場数を踏んだ者だけが、それを可能にするのだ。岡田衣蔵は武市によって道具のように利用され、土佐勤王党のステータスを世に知らしめていくのだ。

ひるがえって北辰一刀流の免許皆伝でその名を馳せた玄武館の主、千葉周作は「北辰とは北極星にして天地の軸となり、南極に貫く軸である」とする。そして、北辰一刀流の極意をこう詠む。

＜敵をただ打つと思うな身を守れ　おのずから漏る賤《しず》が屋の月＞

むやみに剣を抜く事が剣の道を極めたとはいえない、まず身を守れ、と剣の悟りを説くのである。剣の極意を悟りにたとえた。

単純な人斬りとは異なる論理である。この道場は、心身の修業としても若者に開かれていた。

全国から集まった門弟は五千人以上だと言われている。江戸お玉ケ池にある道場には、若者がぞろぞろと朝も夕も往来し、随分と栄えたという。いわば商売繁盛の有名道場である。龍馬の商いの心も、ここで少しは刺激され育ったことだろう。人徳が認められて、玄武館の塾頭に推挙された坂本龍馬であるが、その龍馬も勝を冷やかしに行ったつもりが、結局説き伏せられてしまった輩である。

幕末の志士といえば、とかく敵対の勢力と斬りあう様なイメージを受けるかもしれないが、一般に志士たる者は自分の命を大切にした。命を粗末にするような者は、所詮、維新回天の事業に必要とされない者でもある、とも考えられていた。命の守り方、働き方、それらが志士には大事であった。

吉田松陰も門下生に、「長命」の必要を説いている。長命とは長生きをする意味ではなく、命を無駄にして散らしてはならない、という意味だ。志士の人生を四季にたとえ、若くとも春夏秋冬の季節を終えることが、人生には大事なのだとしている。

松陰の門下、高杉晋作もこう述べる。

「志は一朝一夕の事で立つものではないが、僕は独立独歩の志を貫くために生きている。おめおめと生を盗んできたのも、その時宜を得るがためであり、国に忠誠を尽くすには、今をおいて時節がないときを選ぶべきなのだ」と。

そして、松下村塾の出身者は「狂」の一字を好んだ。その狂とは乱心の意ではなく、国の大事にさいして入魂するとの内容がある。つまり報国のための狂なのである。「狂」を行うのに巡り合わせた、その時期を誤まるな、と吉田松陰は諭している。むやみに剣を抜くな、よく生きて大事をなすべきだ、と。

つまらないことで命をかけてはならない。できるかぎり長生きすることを、松門のみならず、賢明な志士は心に命じていたはずだ。そして人生の四季をも。

松門の天野清三郎などは九十歳を超えて昭和まで生きたが、幕末後、長崎造船所の設立に多大な力を発揮した。天野にとって、造船所を作る事が自らの「狂」を行うときであった。伊藤俊輔（博文）も狂介を名乗っていたが、狂に含まれる意義は志士たる者の心構えであり、流行語でもあった。

僕と君という言葉も松陰の発案であり、身分の高下《こうげ》を問わずにお互いを呼び合うことが出来て便利であった。後に、志士たちが使い出して大流行し、明治時代には文士たちのハイカラな呼称として、また流行した。

松下村塾はそういう雰囲気で満たされ、巷でいう過激な人材養成所ではなかったのだ。

剣は武器というより、男子の魂であり、その魂は肝《はら》に宿っていた。カッとして剣を抜けば、斬り合いになる。事を成そうとする者なら、そういう場で命を無駄にしてはならないし、男子たるもの、命をかけるときを選ばなくてはならなかったのである。

ハイテク船・咸臨丸

勝海舟には剣を抜かずとも胆力で説き伏せる迫真的な気迫が刺客をも斃《たお》した。勝は、そういう能力を毎日のように通った江戸王子権現（現在の王子駅付近にある小高い山の上にある）での座禅と剣術の修行で鍛え上げたと伝えられている。

「年中、袷《あわせ》一枚で過ごした。俺の身体は鉄のようだったよ。暑さ寒さなど、どんなものかほとんど知らなかった」と言う。

その勝は蒸気船が江戸に停泊しているので、家族には「ちょいと船を見てくる」と赤坂の家を出て、その足で咸臨丸《かんりんまる》に乗り込み品川港からその足で出国した。そのとき勝は床に伏すほどの大腸カタルにやられて重病だったらしいが、指揮をとり「カラクリ回せ」とメリケン（米国）に向った。福沢諭吉らも咸臨丸に乗り込んでいた。

太平洋を渡るのである。水もいれば食料も要る。そこで殺菌力のある樽に水を詰め、俵米を積み込み、「食するに肥えて味よし」とする豚を船内で生きたまま飼育し、野菜類も咸臨丸の船中で自家栽培した。モヤシはビタミンCが豊富で、壊血病などの防止に有効であった。

日本では、昔から大豆を食生活に取り入れている。味噌・醤油はもちろん、それを栽培してモヤシとして食べる生活習慣は海外に無く、日本独自の食習慣であった。咸臨丸での食卓にフルーツなどなくても、乗組員は元気の栄養素ビタミンCの摂取に不足しなかったのだ。長い航海などでビタミンCの不足になり発症する壊血病《かいけつびょう》を、モヤシが防いだとも言える。

こうして常に新鮮な食料を得た事は最先端のテクノロジーであって、栄養学的にも優れていた。もちろん魚には事欠かなかっただろう。咸臨丸の乗組員は、こうして太平洋を乗り切った。

豚やモヤシは、彼らの健康を支えた影の主役と言えるのだ。

咸臨丸の往路は難航海だったが、操舵《そうだ》もすべて日本人が仕切った。鍛えた鉄同様の気力のおかげか、勝の病気も自然に治癒してしまった。「船中で、福沢はそうとう船酔いに苦しんでいたが、俺はなんでもなかったよ」とは勝の弁であるが、ホラ吹きの勝海舟とも言われていた。実際には勝も船底で休息すること度々だった。

ともあれ晴れて日本人七十人ほどが太平洋を渡りぬきアメリカの大地を踏んだのだ。

勝や福沢たちの乗員は、海外視察の目的に太平洋を蒸気船で横断したのだが、日本人の技術力や心意気も海外に誇示したかった。

対して龍馬は外国に出た事が無い。それがまた欧米文化や蒸気船への好奇心を高め知識を吸収しながら、龍馬の人格を磨いていく。勝が咸臨丸で米国に向かった頃、龍馬は玄武館で剣術の修業に励んでいる。

「さてもさても人間の一生は合点のいかぬはもとよりの事、世の中のことは月と雲、おかしきものなり」と姉に宛てた手紙にあるが、「合点のいかぬ」ときは理解を求めようとして動き、その先々で勝海舟などの人物と出会い、多くの知識や刺激が龍馬の血肉に染み込んでいったことは、まさに龍馬の一生に見る事が出来る。

その咸臨丸は、その後どうなったかというと、脱走船扱いとなり、清水港に入港していた所を、明治元年、官軍船三隻に急襲され沈没した。そのときの戦死者を非常に手厚く葬ったのが清水次郎長《しみずのじろちょう》であった。

これを知った山岡鉄舟も、次郎長を精神満腹の人物だ、と評価している。波乱万丈の咸臨丸でもあった。

第二章　維新に向かう青春群像

久坂玄瑞との出会いで考え方が変わる

旅が人を大きくする。龍馬の魅力をひとまわり大きく形成していったのは、旅であった。時は遡《さかのぼ》って文久二年正月、龍馬は蓬髪《ほうはつ》を寒風になびかせて長州萩を訪れた事がある。

実は土佐勤王党の盟主、武市端山に頼まれ間諜《スパイ》として、長州萩へ足を運んだ。長州とはどんな国なのか、様子を探《さぐ》って来い、と言われたのだ。

このおり、龍馬は久坂玄瑞《くさかげんずい》に顔を合わせている。「土州坂本龍馬、土佐勤皇党の盟主の書簡を携えて長州萩に来訪」と、久坂玄瑞は日記に記している。来萩の名目は、武市の書簡（手紙）をとどけることであったのだが、久坂に出会ってから時代の動きに対応できていない自分に気付くのである。これが、土佐藩を脱藩する動機となる。

久坂は高杉と並ぶ松下村塾の双璧といわれ、気負いもあったのだろう。このとき、久坂は言葉の弾みからか、龍馬を「土佐の芋掘り」と小馬鹿にした。久坂は坂本よりずっと年下である。そのことがあって龍馬は、「長州ッポの若造に小馬鹿にされるほど、俺は志士として未熟なのか」と考え、しばらく「ワシは土佐の芋掘りじゃキニ」と気にしていた。

ちなみに土佐藩は日本一の貧乏な藩としても知られていた。そういう経済的に恵まれない他藩から、使い走りの用で来た男が坂本龍馬だと、久坂の目には映ったのだろう。気負いもあって、つい「土佐の芋掘り」と久坂の口から出てしまった。そこは、ぐっとこらえた。龍馬の賢明なところだ。

さらに久坂は剣の腕前を見せてくれ、という。藩校明倫館に附属し文武修行の修行に使用されている有備館の道場では、長州藩の少年剣士と三本勝負もさせている。勝てばよかったのだが、すべて面を打ち込まれて負けてしまった。真剣に立ち合ったのだが、「坂本先生、もうちっと真面目にやってもらわんと困るんだよ」と、これまた小馬鹿にされてしまった。「いやあ、ワシが弱いキニ」とバツの悪い顔をして明倫館を出た龍馬である。

しかし「芋掘り」ゆえに土佐の負けじ魂がメラメラと燃えだし、それが勢いとなって「神願にかけても、こんワシが日本を今一度、洗濯しちゃる。みちょれや」と、幕末の大舞台に坂本龍馬をのし上げたのも、また事実である。ところが久坂が紹介した「吉田松陰の草莽崛起論《そうもうくっきろん》」は龍馬の生き方を変えるほど強く感動させた。「ソウモウクッキロン」とは何やら訳の分からぬ代物のように思えたが、久坂は、こう言い放った。

「いまや権威ちゅうもんに頼っておったら、日本に展望は開けん。草むらから突然ぬっと顔を出し、すぐに行動していけるような全国六〇余州の志士を糾合することが大事なんじゃ。土佐であろうと長州であろうと、はたまた薩摩であろうと、目的達成のためには力を合わし、大勢力とするしかない。そのためには、藩など潰れてしもうても、かまわんではないか。なあ坂本くん」

久坂との劇的な対面があって、龍馬は脱藩《くにぬけ》を決意する。一藩勤王に取り固まっている武市の家来になっているのがバカバカしくなった。

龍馬は決意した。「ワシは藩を越えるぜよ」。人間の動きを、そして志を遮っているのは藩の壁だ。この発想が、浪士の集まり所帯と化した亀山社中の組織であり、薩長同盟を斡旋する龍馬の考えに通じていく。

久坂玄瑞は長州藩医の家系に生まれ、平安古《ひやこ》という町筋の一角に居を構えていた。このあたりには萩の参勤交代の警備に当たる武士たちが多く住んでいた。玄瑞の兄、久坂玄機《くさかげんき》は軍略に詳しい学者であった。大坂（大阪）の適塾で種痘の研究をする学究肌の男であり、種痘は長州藩内でも実施され、優れた実績をあげた。

そういう学識が長州藩でも認められ、藩主毛利敬親《もうりたかちか》は海防策をも玄瑞の兄に託したが、学問とすれば門外であるにもかかわらず、あまりにも熱心に研究し藩主の要請に応えようとした為、ついに心労がたたって夭折した。それと前後し両親も他界して、彼一人の生活になった。

久坂玄瑞は自分の孤独について、こう表現する。

「兄の死と前後して、私は父と母も失い、ひとりとなった。『詩経』に、親を養おうとするときに親はいない、とある。風が暴れて老樹を揺さぶると、私は、今は亡き父母を追憶せずにはいられない。そして兄をも。私の背後にひれ伏す私の影は、もはや逃れられない寂しさの棲息である」

そういう境遇が久坂を詩人とさせたのだろう。涙をはらって即興の詩を吟ずるのが得意であった。彼は美声であり、その声は京の女性たちに人気であった、という。

久坂玄瑞が門を叩いた松下村塾は、孤独から逃れる場所でもあったに違いない。吉田松陰は久坂の能力を高杉晋作よりも高く評価していた。自分の妹を久坂に嫁がせていることからしても、期待の強さは伺える。松下村塾を受け継ぐのは、高杉ではなく久坂である、とも考えていた。

幕末、天保の世代

その久坂玄瑞はやがて京都に出た。長州藩の動きを指揮するためだ。京での尊攘テロルを指導したのも、桂ではなく久坂であった。桂は二番手、三番手の位置にある。久坂は高杉と並ぶ松門グループの筆頭である。長州藩内の人材として、もっとも期待のかかったのが、久坂玄瑞であった。

年上の桂も久坂に引きずられて動いた。しかし、文久三年夏、薩摩と会津が組んだクーデターで長州は京を追われた。傷ついた長州藩兵が三条実美《さねとみ》らを警護しながら、しとしと降り落ちる雨の中を、即興の今様をうたいながら残兵を率いて進む姿は、やはり久坂玄瑞の役どころであった。

＜降りしく雨の絶え間なく　涙に袖の濡れ果てて　朝な夕なに聞き慣れし
法妙院の鐘の音も　などて今宵は哀れなる＞

雨の中で松明《たいまつ》がはぜて、あちらこちらから、すすり泣きの声が聞こえたという。剣術に優れ、男前で京の芸妓には人気の桂であるが、こういうウエットな場面では似合わない役者である。

また、桂は逃げの達人でもあった。直感的に身の危険を察知する能力があった。

翌年、元治元年（一八六四）六月に起きた池田屋事件でも、そこで会合があって時勢を論じ合い、対策を立てなければならなかったが、その会合には顔を出して挨拶だけをし、他に用事があるからと義理だけを通して早々に席を引いた。その後しばらくして、新撰組が池田屋を襲撃するのである。

同七月、禁門の変が起きる。久坂玄瑞、斃《たお》れる。なれば京で活動できるのは桂しかいない。

桂は京都居留守役となり、久坂に代わり長州の生き残った敗兵を探していた。禁門の変で、長州藩兵は御所にも攻め入ったので、朝敵の烙印まで押される。損な役が回ってきたが、京にいた証拠は必要である。そこで、三条の大橋で三日間は乞食の格好をして本格的に物乞いをやった。

しかし桂は見抜ぬかれた。

「桂はんどすか～」と、祇園で世話になった女将《おかみ》や芸妓たちに見つかってしまったのだ。差し入れあり、金銭の工面ありで、桂は彼女たちの物心両面の協力に感謝しつつも、だんだら模様が頭をよぎる。

京に長くはおれない。決意して、近くの但馬出石《たじまいずし》に逃げる。しかし京にいたという証は立った。

潜伏先の但馬（兵庫のあたり）では、身を隠すために、そば打ちから習い本格的なそば屋を開くという徹底ぶりである。そういう身の振り方は桂の得意とするところだ。

禁門の変のすぐあと、長州藩が第一次長州征伐に敗れた。こんどの主役は高杉晋作である。

これを知って高杉晋作は桂を潜伏先から呼び戻す。長州藩の次なる転換点を立てなければならない、すぐに帰れとの命令が下った。高杉が奇兵隊を結成し、再度の幕府戦に挑む、というのであった。高杉は桂にこう言う。

「俺は、ぶっこわすのは大の得意とするところだが、作り上げるのは大の苦手とするところだ。（新生日本を）作り上げるのは桂しかいない」

倒幕に対する見方は、二人に共通するものがあった。しかし、京で多くの人材を失った直後である。その長州藩内で民兵組織が立ち上がり、桂は「防長二州を粛然深夜のごとく」という方針を立て人脈を手繰り寄せる。高杉にはない能力である。ちなみに西郷隆盛も、古い家を壊すのは自分の得意とするところだが、新しい家を作るのは苦手ゆえに、それをやるのは大久保利通が適任である、と述べている。維新回天の事業は分業制度で行われていく。みずからの能力をわきまえ、行動する事が求められた。

高杉も桂も、そして西郷も自分の力量を知って行動していたのだ。

一方で、桂は眠っている人材を集める役に回り、江戸から長州鋳銭司《すぜんじ》に戻って町医者をやっている村田蔵六（大村益次郎）を重用し軍制改革に当たらせた。このころ桂は、木戸に改名したといわれる。幕末の趨勢《すうせい》に、みずから思い立つところがあったのだろうか。

そういう時代のうねりに生れ落ちた志士は、やはり、そのうねりに巻き込まれていくのである。

坂本龍馬は天保時代の生まれ。その天保の生まれには、ざっと挙げても、吉田松陰や大久保一蔵（利通）、桂小五郎、橋本左内、福沢諭吉、近藤勇、井上門多（馨）、松平容保、土方歳三、後藤象二郎、中岡慎太郎、山縣狂介（有朋）、大隈重信、トーマス・グラバー、高杉晋作、久坂玄瑞、伊藤俊輔（博文）など、まさに天保年間に生まれた世代は、幕末維新に深くかかわっていった世代でもあった。

第三章　組織と人材のあり方

神戸海軍操練所の仲間たち

龍馬は赤坂の勝邸を訪れたのが縁となり、文久二年（一八六二）秋のころ勝海舟の弟子となるのだが、勝が神戸に海軍操練所を設立するというので、入所する事になった。

勝の「京の朝廷守護の為、神戸に幕府の機関として海軍を置くことが必要」との要請に対し将軍家茂《いえもち》から許可が下り、神戸に海軍操練所が幕府の管轄下に置かれる。翌年、文久三年四月であった。

上様は軍艦に乗って神戸の海を巡覧され、勝の説明で案内されるうちに、大《たい》そうご機嫌が高まり、海軍操練所の話をすると即座に許可が出た。

そして塾頭に坂本龍馬が就いた。ここに寄り集まった者たちは約一五〇人だが、そのうちの三〇余人が、やがて亀山社中のメンバーになっていく。

しかし案じた事態が押し寄せてきた。幕府が勝海舟を更迭するのである。

勝海舟は京都防衛のためにも神戸がよかろうと、官民の別を外し藩の枠を超越した「一大共有の海局」を企て、神戸海軍操練所を開設した。「海局」とは海軍という意味である。坂本龍馬もそこの学徒であった。

幕府管轄の海軍操練所を置き、近代黎明《きんだいれいめい》の世に向けて、開眼の青年たちを送り出そうとしたのはよかったが、坂本龍馬をはじめ脱藩した者を抱え込んでいたために、「不穏の分子を養成している」との嫌疑が立った。

幕臣でもあった勝は、幕府中枢部から「あやつは獅子身中の虫」とまで言われるようになる。ついに開設二年にして「早々帰府」の命が下り、勝は江戸へ引き戻されてしまった。

「心身はハガネのようであった」と自認する勝であったが、さすがに突然降りかかった更迭劇はこたえた。

そのときの板挟みの心境を、こう詠んでいる。

＜我、もはや世をすてん鈴鹿山、またなりいづる世にしあらねば＞

「つまらねえことに引っかかってしまったよ。俺は、今は政治でメシを食っているが、どろぼうの親分とか、あるいは西行のように早く脱俗の生活を送りたかったのだよ」とは、勝海舟の弁だが、一種のニヒリズムである。東洋的なニヒリズムと言っていいのかもしれない。

知恵の回らない幕府の中枢が勝海舟をおそれ、京を護符するために設立された神戸海軍操練所が突然閉鎖されてしまったのだが、逆に京の治安はいっそう悪化する。新撰組と京都見廻り組とがガンドウ提燈《ちょうちん》を手に、毎夜のごとく志士狩りに這い回るようになったのだ。

天誅だ、なんだと京が荒れていたら人はついてこない。しかし、松平容保《まつだいらかたもり》が京都守護職に就いて京の人たちは喜んだ。

〜会津肥後守さま、京都守護職つとめます

内裏繁昌《だいりはんじょう》で公家安堵
世の中ようがんす～

京で人たちは、会津の殿様が来ていただき、この荒れた空気を少しでも浄化してくれるだろうと期待したのだが、龍馬は首をかしげた。捕り方は、いわば松平容保を楯に取って志士狩りをいっそう強めたのである。そのため、京の商人たちは松平や新撰組に愛想をつかし、志士へ肩入れをしていく。

一方で、志士と名乗る浪士が増え、志士に好意的な商人にたかり、ゆするようになったのも事実であった。

龍馬は言う。

「志士として生きるには、チーッとばかし、さじ加減ちゅうもんが大事ぜよ。目分量をわきまえず商人にたかるようでは、せっかくの肩入れも劇薬となって、志士みずから落ちていくんじゃ。しょせん、用をなさんかった者ちゅーコッかのう」

勝海舟も常々、「何事にも一視同仁のつきあいが大事なんだよ」と神戸海軍操練所の仲間たちに言っていた。

すなわち草莽の志士たちはとかく孤高の志士になりがちで、志は立てたがひとりでは生き辛くなる。お互いに横のつながりで活動すべきだ。京に入れば京の人たちとも横の関係で助けてもらわなければ、志士としての活動はやりにくい、ということだ。

幕末の重要な曲がり角には必ず立っていなければならない、との意識が志士には共通してあった。志士たちは、坂本龍馬も勝海舟も時代が生んだ申し子である。時代の要請から逃げるわけにはいかなかった。京都はその意味で、志士の実力をみずから判断する場でもあった。

利の効用で社中を動かす構想

勝海舟が去った――。

幕吏の追求を避けるため、また勝の口利きもあって、坂本龍馬らは薩摩藩邸で秘密裡に隔離された。取り残された元学徒は就くべき職もなく放り出されてしまったわけだが、そこは時代のゆくえを読みきる龍馬である。

「そんなら俺が何とかせんとナ。勝先生のためにも、チクト《ちょっと》日本の洗濯をしちゃるぜい」と、龍馬が一肌脱ぐ。

カネはない、職はない、食うに困る。だが窮すれば通ずる、である。龍馬は、営利を目的に動き、西洋を見据えた亀山社中を日本で組織しようと立ち上がった。薩摩藩邸にかくまわれている元・神戸海軍操練所学徒のうち有志を募って、社中の隊員にしたのである。

そして龍馬は言う。

「とかく一匹狼になりがちな志士の行動力にはチクト限界があるぜよ。こんワシみたいに脱藩《くにぬけ》したモンには後ろ盾がないんじゃ。京を見れば、ようわかるぜよ。飯も食わねばならんが、口も利《き》かんとならん、銭もいる」と。そこから、脱藩者も浪士も寄り集まって組織ぐるみの商いをする、との発想が生まれた。ともあれ一匹狼では食えぬ。

薩長の間に立って口を利くにも、組織を後ろに置いていたほうが、話をまとめやすいと思うところが龍馬にはあった。浪士には社中みたいな組織がいる。しかし浪士には、武士道の理念を遂行していく意識も薄く、俸禄《サラリー》も無い。よって飯を食うための組織に入る事が必要であった。

社中は、いわば彼らの置かれた現実のニーズに応えようとして誕生した商いの組織、とも言える。

そして続けて志士の資金力と志についても、京の現況を見て、こう示唆する。

「志を抱くのは立派だが、現実に志だけでは生きていけない。食えんといかん。志士といえども、そういう現実の問題を避けて通るんは、チクト難しいちゅうもんぜよ」

同じ志を持った者たちが寄り集まり、資金的にも独立できるようになれば、もっと大きな仕事ができる、と龍馬は考えたのである。

「メリケンやエゲレスには、カンパニーちゅう共同体があって利を稼ぎ、利の分配がなされている、と勝先生は言うちょる。亀山社中はそん現実をみながら、理想を描いて動き出したカンパニーなんじゃ。志の営為として商いを行うのが、こん亀山社中ぜよ」

社中のメンバーは、発起人七人であったが、神戸海軍操練所で学びあった同窓が寄り集まり、土佐藩出身が六割をしめ当初は三〇人ほどであった。

さらに同志の者を募ったところ、総勢約五〇人の規模にふくれた。

しかし、隊の組織を切り盛りできたのは神戸海軍操練所の同窓生である。ここで学んだ専門知識を活かすため、適任のエキスパートが各部署に配置される。こういう適材適所にともなう人事の組織構成は、幕末社会の新しい試みであった。龍馬一流の先見性である。

脱藩などして失業した者を雇用

龍馬が亀山社中を結成した直接的な動機として、動揺する幕藩体制下で脱藩などして失業した者を雇用し、彼らと協力体制を組むことにより、幕末に活動する志士が、経済的に自立することにあった。そういう現実の生活問題を抱えて社中は結成されたのである。

触れ込みは「浪士募る」であり、藩に所属しない脱藩者らを身分に関係なく応募したのである。

ちなみに新撰組も、幕府が出した「浪士つのる」との看板で結成された組織なのだ。武蔵の国で暇を持て余していた、土方歳三や近藤勇らが入隊したのだ。さして、思想的なものはなく、暴れていくらの世界に興味を抱いたのだ。浪士や職のない若者たちは、どこにでもいた。看板の裏側にある意味合いは別でも、それで人は変わる。土方歳三が亀山社中のメンバーになっても、それは不思議ではない。出会いとは、そんなものだ。

「本藩（土佐藩）を脱する者、他藩を脱する者、海外の志ある者」は社中の社員になる資格があり、任務に就いてもらえれば給金が支給されるのだから、脱藩などして俸禄がもらえなくなった浪士などが集まってきた。藩の財政はどこも大赤字だったから、いったん脱藩などすると永久追放もので、待ってましたとばかり俸を切られた。

しかし、そういう志や気力のあるものほど、亀山社中という組織の力になれると龍馬は考えた。

自立自営を貫く亀山社中の売り上げは、幕末の志士でもある隊員にとって、唯一の行動資金であり生活源となった。亀山社中は、政治活動をする以前に、ともあれ、食うに困る志士が団結して稼ぎ出す生活共同体として発足したのである。

京には志士を名のる者が無数乗り込んできた。しかし、志を立てる以前に食うカネがない。志士が活動するにも資金繰りが大事だ。国を抜けたが、腹をすかして戦《いくさ》は出来ぬ。脱落する志士も多かった。京は戦場と化していたが、若者が寄り集まる魅力ある街でもある。

京が朝廷のお膝下という、京に繰り込むそれなりの理由《わけ》もあったが、一方で倒幕の志士へ資金的肩入れをする商人が数多くいたからだ。

それに祇園の女将は志士に好意的で、もてなしたり、かくまったりと、安逸な別世界の魅力が京にはあって、殺伐とした世の中ではあったが、

～起きて語るは天下の政、酔うて眠るは美人の膝～

などと、呑気なことを言って祇園界隈を遊びまわる者たちが多かったのも事実である。

しかし、龍馬はそのような志士の在り方に批判的で、商人にたかったり、ゆする志士は人後に落ちる、と考えていた。そのような壮士くずれの志士が京で暴れ、「御用改め」と、這《は》い回る新撰組や京都見廻組に志士狩りの口実を与えた。

志士の脱落は京の治安をいっそう悪くしていた。

その原因に経済的な問題があれば、それを解決しないことには志士として十分に活動ができない。龍馬は、脱藩した志士など、経済的に困窮する者たちが寄り集まって「利」を収める行動を起こし、その「利」をもって、政治的な行動に資するべきだと考えていたのである。

幕末社会に置かれた脱藩志士たる自分の位置付けを見つめ直したとき、龍馬の頭には勝海舟から聞き覚えた「カンパニー」の構想が浮かんでいた。日本でも西洋の会社なるものを具体的な形に、と考えたのである。亀山社中から発展して、社用の軍艦数隻を操舵し欧米に向う日本の総合商社「世界の海援隊」への構想も、龍馬にはビジョンとして芽生えてきた。

ちなみに長崎にいて、龍馬はイギリスの東印度会社を意識していた。これは武装した貿易会社である。

龍馬は社中創設にあたり、勝海舟の日本の国力を欧米と同等のレベルに引き揚げようとする「一大共有の海局」の概念を引き継いで実現すべく、軍事力を備えたカンパニーの構想が具体化していた。それが亀山社中の創設に結びついた。

東印度会社は世界の情報収集にも優れた側面を持っていた。龍馬が情報の収集を社中の組織力として重要視したのは、そこにあった。龍馬は、長崎奉行所を通じ、「インドのボンベイに二五〇隻もの軍艦がすでに待機している」、それが日本を狙っている、との極秘情報もつかんだ。元寇来襲《げんこうらいしゅう》どころではない。

内憂外患、切羽詰った日本は今一度洗濯をして発想の転換をしなければ、滅びる。亀山社中のようなカンパニーの誕生は、時代の趨勢《すうせい》として求められ、必然性を備えていた。

帰ってきたジョン万次郎に龍馬の夢ふくらむ

一方で龍馬にはこういう出会いの人物もいる。

高知・中の浜の漁師だった万次郎は太平洋に出て漁をしていたが台風に逢い、行き着いた孤島で雨水と鳥肉を生活の糧とし半年を過ごしていたところ、アメリカの捕鯨船に助けられて渡米することになった。

渡米第一号のジョン万次郎こと中浜万次郎は、十余年の歳月を経て日本に戻ってきた。ちなみにアメリカは当時ゴールドラッシュで、万次郎もアメリカで金の採掘に取り組み多額の資金を得た。

それを資金に日本に帰ろうと決意しアメリカから上海行きの商船に乗ったのだが、米船は日本に近づくのを恐れたため、万次郎は沖縄沖でボートに移り、那覇の海岸に降り立ったところ、通報された。ここは薩摩藩の管轄であり那覇奉行所に不審者として引き渡される。

万次郎は即刻打首をも覚悟したと言うのだが、さらに事情を聴くため、身柄を薩摩に移される事になった。万次郎を乗せた船は錦江湾に入り、薩摩に上陸する。しかし万次郎は日本語を忘れてしまったようで、英語で話すものだから、取調べが出来なかった。そこで語学ができると言う薩摩藩士を呼び出して万次郎に問い掛けるのだがその藩士は蘭語で話すものだから、万次郎との意思疎通が出来なかった。

薩摩には蒸気船建造の計画もあり、万次郎からアメリカを引き出したかった。そのため、万次郎に日本語を教えることになる。万次郎が一からの日本語を学んだ期間は一年に及ぶ。その間に江戸の薩摩藩邸でも取調べを受ける。しかし密航の嫌疑は晴れて、土佐に引き渡される。ここでも取調べが始まるのだが、奉行所の取調官がアメリカの事情を教えてもらうスタイルだった。その記録を調書にまとめて後世に残そうというのである

奉行所で万次郎は軍艦の模型を作ってみせたり、またアメリカの民主政治についても詳細を述べている。このとき彼を取り調べて調書を作成したのが河田《かわだ》小龍《しょうりょう》という人物である。

万次郎はアメリカについて、「王は国中の賢人から選出し、四年持《もち》なり、至っては八ヶ年を持つ」と、大統領制や議会制度にも触れている。石頭の役人たちを仰天させた。万次郎から聞き取ったアメリカの情報は文書化され、河田の手によって『漂巽《ひょうそん》紀畧《きりゃく》』にまとめられた。

後に龍馬は河田と出会う。河田の手によるその調書を見せてもらうが、欧米諸国

の現場を見聞するようで大きな刺激となった。

坂本龍馬がジョン万次郎に出会ったのは北辰一刀流の修行のため、江戸の京橋桶町の道場に通っていた十八歳の頃である。勝海舟と出会うずっと前であるが、欧米へのあこがれを強くしたことだろう。

江戸の町を、壮士を気取って肩で風を切りながらカッポしていると、薩摩藩邸の前で人だかりがする。

なんじゃろ、と近寄ってみれば、島津公を前にブーツを履きジーンズを身にまとったカウボーイ姿の日本人青年がいる。ネッカチーフも眩《まぶ》しい。万次郎であった。

参勤交代で江戸にきていた藩主に引き合わせて、江戸時代の祖法、鎖国令を破ったとする万次郎を藩主みずからが取り調べていたのだ。

ハットを取って月代《さかやき》を剃っている。堂々と構えて英語を交えながら何かをしゃべっている。その出で立ちも気に入ったのだろう。「海難に遭遇、メリケンへ渡来」となり、ジョン万次郎の嫌疑は晴れた。

ちなみに坂本龍馬と万次郎とは体躯《たいく》もほとんど同じ、六尺の背丈がある。龍馬が得意として履いていたブーツは、その時代背景からして万次郎より譲り受けたと伝えられている。土佐の参政、後藤象二郎は万次郎から万国地図を確かに譲り受けている。ともあれ日本人もアメリカに渡れば、姿格好からしてこうも変わるものだと、龍馬は強い印象を受けた。

ちなみに龍馬は万次郎からは「チクト《ちょっと》、フォスターの、おぉスザンナ」を聞かせてもらい、その「メリケン小唄《こうた》」にも感動した。龍馬は土佐の『よさこい節』を作詞したりもしているが、これも龍馬の好奇心の強さ、そして「メリケン小唄」のメロディーが少なからず関わっていることは否めない。

万次郎から伝えられたアメリカ仕込みの新情報は、まず勝海舟を動かす。具体的にアメリカはこうなのだと理解し、咸臨丸で渡米する快挙につながる。このとき、勝と龍馬との出会いは無いが、やがて勝との出会いを生む点と線が見えてくる。龍馬は欧米への憧れ、攘夷を離れて開国への考え方を抱くようになる。

意外な姿格好をしていた万次郎との出会いが強烈だったのか、欧米への熱い想いを抱いた龍馬のノオトには、「ヨングメン（少年）ハルト（心）トルド（寒）ダイ（昼）」などといった書付けも見える。欧米に少しでも近づいていこうとする龍馬の心意気を書き付けたとも言える。

そして龍馬の脳裡には混沌としているが、日本での欧米がうっすらと輪郭を描いていくのだ。

第四章　総合商社として活動

幕末カンパニーの作り方

亀山社中の組織は、文官（書記）、運用官（総務）、測量官（技術）、機器官（同）、医官（厚生）、簿籌《ぼちゅう》官（経理）、武官（安全）で構成され、そして隊長は坂本龍馬、それに隊長代理を配し、隊を編成した。さらには世界に乗り出すため、万国公法（国際法）で理論武装したのである。

維新回天が役割分担で成し遂げられた大事業であったように、亀山社中もまた組織の部署に役割分担があり、適材適所の原則が効を奏した。

ちなみに坂本龍馬の片腕として活躍した長岡謙吉は、龍馬とは幼なじみの親戚同士、シーボルトの門人に学んだこともあって、医官を務めるとともに文官を兼任した。長岡は大政奉還の草案となった「船中八策」を龍馬が起草する際に、いわば入れ知恵的な存在として助言をしたという。

まり事だ。

「船中八策」は、維新後の日本を建設するための土台となる、八項目にわたる決まり事だ。

上下議院の設置、人材の登用、国際交流のすすめ、海軍の拡大増強、外国通貨との平等などが記され、まさに龍馬の感性が伺えるようだ。

民の声が中央に届く近代政治のシステムを、土佐藩船『夕霧』に乗った龍馬が海のかなたを眺めながら、ふっと考えついた、と言われる。勝海舟が筆を入れて添削したとか、これには伝説的な逸話が残るけれども、欧米社会に憧れていた龍馬の話題に事欠かない。

土佐出身で英法に詳しく地下浪人として活動していた沢村惣之丞《さわむらそうのじょう》は外国人対応の役とした。いわば亀山社中広報官という部署である。欄語にも強く、亀山社中の語学研修を担当した。

また龍馬のもう一つの片腕となり、「龍馬の腰巾着」といわれるほど龍馬の側《そば》に付きまとっていた陸奥宗光は、数学ができるのを見込まれて測量官を担当した。論理的な思考力も他の追随を許さないほどの実力があった。

武官には、新宮馬之助《しんぐううまのすけ》が担当する事になった。新宮という人物は兵法に詳しく、「社中は武田信玄の軍略を手本とすべし」と提言したことから、その任に適するとされた。いつも顔が赤かった事から、「赤づら」というニックネームも付けられ、隊ではその人柄にも人気があった。

陸奥は社中の隊ではただ一人、徳川御三家のひとつ、紀州藩の出身で、幼名を小次郎または陽之助という。出身藩ゆえに苦労することもあったが、知恵が回るけれども協調性に欠けるため、仲間たちから「うそつきの小次郎」などと呼ばれ、世渡りには相当苦労した。

そのうえ猜疑心《さいぎしん》が強いので隊のメンバーからつま弾《はじ》きにされることが多かった。隊の者たちによる暗殺計画も持ち上がったが、坂本隊長がその気配に気付いて止めた。そのためか、いつも隊長にくっついて行動していた。その様を見て腰巾着と言われたのだ。

それにツバメの小次郎とも言われていた。陸奥によれば、繁華街などで何かの拍子に「斬りあいでもなればソンだ」、と逃げの技術を身につけようと、一時期、江戸浅草で雑踏をすばやく逃げ去る訓練をしていた事もある。その様はツバメのようであった。

龍馬は言う。「小次郎、それで維新回天の用をなすのか」と。ものの道理について察するの能力は、やはり龍馬が一枚上手であった。

最後に龍馬は、副隊長の必要性を提言した。隊長には、いつなんどき不意の事態が起こるかもしれないから、その代理を行う補佐官を置く。肩書きは副隊長である。それに誰が適任かは、責任も重大であり隊員による推挙の方法をとった。いわば選挙である。

その結果、近藤長次郎が就任することになった。彼は饅頭屋のせがれで、職人気質が強く協調性の欠くところはあったが、自説をまげない性格が、副隊長にふさわしいとされた。総務を取り仕切ることにもなり、運用官も兼任した。隊の者たちからは、「饅頭屋の長次郎」と呼ばれていた。

そして、簿籌《ぼちゅう》官には坂本龍馬が兼任した。

かくして人材は社中の適所に配置されていった。この組織に兼任者が多く、多彩な人材が揃っているのは、また組織の魅力でもあった。陸奥は、社中の行うべき商法とは何かと、情報と知識とを取りまとめて「愚案」と称し、龍馬に提示したりもしている。

また、亀山社中に附属する出先機関として出崎官《しゅっきかん》を配し、いわば支店網を広げようとした。その最高責任者には土佐藩からの出向とでもいうべき後藤象二郎が就いた。

龍馬の人脈の太さもさることながら、亀山社中には多くの夢を語る材料があった。それも具体的な夢の実現の可能性があれば、人は自然と寄り集る。亀山社中の創設により、すでに日本には欧米があるとの印象を受けたのは、社中に寄り集った面々だけではないだろう。

最初の出崎官は、とりあえず長崎の本部に配置した。忙しい亀山社中の留守を預かるためだ。京にも出崎官を置くことになったが、こちらは戦場と化した場所である。出先機関では間に合わぬ。

河原町近辺には多くの志士が寄り集っていた関係上、亀山社中の京都本部を河原町の東に位置する木屋町に置くことにした。亀山社中京都本社というところか。近辺に寓居《ぐうきょ》する、多様な立場にある志士との連携を深め、情報を収集するためだ。河原町には、いろいろと遊び場もある。浪士らが自然と寄り集った理由である。

京には各藩邸がひしめいていたが、藩邸は治外法権下にある。新撰組でさえ、ずかずかと踏み込む事はできなかった。その意味で江戸でも京でも藩邸はその国の領地なのだ。たとえば長州藩邸は長州という国の領地であり、それを侵すことは出来ない。治外法権とはそういう決まり事だ。

藩邸は安全な所ではあるが、ひるがえって脱藩した龍馬らが住むわけにはいかないのである。土佐藩邸の道を挟んで向こう側に近江屋があり、もとは醤油を製造していたが旅籠に鞍替えし、龍馬はそこの奥まった一室を借りて議論などを交わしていた。

藩邸にも近く便利であった。何か事が起きれば、藩邸に逃げ込む事も出来る。そういう安全性も近江屋にはあって、龍馬は気に入っていた。だが後に、ここで龍馬は遭難する。近江屋事件である。

ところで、坂本龍馬がこのような組織構成を考えついたのは、屏風の絵からである。花鳥風月にある静閑自然のかたちを亀山社中に映し出そうとしたのである。

龍馬が解説するには、こうだ。

花は書記官とする。亀山社中が外を向く顔を持っているからだ。鳥は運用官とする。組織を動かす役である。風は医官とする。隊員の傷をゆるりと撫《な》でてくれる。月は武官である。煌々《こうこう》と夜道をも照らして安全を守る。また花は蜜を溜める。書記とともに、蜜は簿籌官であり経理を処理する。鳥の羽は機器官である。蒸気船を運転する。海の鳥は行き着く場所との距離を測りながら飛ぶ。ゆえにその目は測量官である。

そして軍略の手本としては、新宮が提案した武田信玄の「疾《はや》きこと風のごとく」を掲げた。

しかし社中に見える人材配置に異論も出た。坂本龍馬の親戚筋が多すぎる、というのである。これでは同族会社だ改めろ、と沢村が言うのであった。

これについて、龍馬は「親戚、親族じゃ、ちゅうコツは天の定め。こんワシの一存ではどうにもならんぜよ。なぜ、長岡がワシと親戚になっちょるのか、こんコツは神明のみぞ知る。土州人なら承知のことじゃろうが、土佐みたいな狭苦しゅうて窮屈なところでは、どっかで親戚筋にぶつかるもんじゃ。そこはこらえてくれんか」と説明した。

こうして亀山社中は現代の会社組織にかなり近い形と要素を備えていく。

土佐藩の参政で龍馬に理解を示したが後藤象二郎である。後藤の口添えにより、亀山社中は薩摩藩の資金援助を受けることになった。亀山社中は薩摩の庇護下にあるゆえ、事あれば薩摩藩の軍事行動に参加する艦船を結成する予定でもいた。さらに龍馬は、社中も蒸気船を足とし世界に羽ばたくべきだ、とも考えた。海軍操練所の元学徒は天下の勝海舟に学んだだけあって、それぞれが実践的な知識と技術を身につけ、とりわけ航海術はお手のものであった。神足龍馬が、蒸気船を「俺の足」に日本を走りまわれた理由である。

長州馬関（下関）の小倉屋が資金援助するというので、奇兵隊はトーマス・グラバーから『ユニオン号』という蒸気船を買い入れることになるが、これによって、龍馬および亀山社中の行動半径は著しく拡大した。

奇兵隊には、これを動かす技術がないので、精鋭の亀山社中が操舵を仕切った。貸与されているユニオン号ではあるが、ほとんど社中の船として使用されたのである。タダ貸し同然だから、奇兵隊との間でひと悶着あったけれども。

当時、軍艦を動かせるのは、幕吏の小栗上野介《おぐりこうずけのすけ》一座と亀山社中の面々くらいであった。

「情報の先取りは時代の先取りじゃキニ、長州はチーッとばかしカネはかかったようだが、新式の蒸気船を買うことになったぜよ。ワシらはそれを動かす事が出来る。こん船は、社中の所有と同然。幕府との緒戦には周防大島に行くぜよ。あんとこには、幕府艦隊が集結するからのう。なにせ日本全国、はよう着くのがええ。海には面倒な関所もないしのう」というわけであった。

周防大島沖は長州の三田尻港から近く幕府の艦隊が立ち寄る海域であった。今の山口県瀬戸内側にある大島海域である。

風雲急を告げる幕末である。時間の短縮が事を決する。平坦な陸路の三分の一で目的地に着ける蒸気船の運用は、時間との勝負に差をつけ、情報の先取りに欠かせない手段となった。組織に蒸気船という先端機器を導入し、その試みは成功したのである。こうした好条件も重なって、亀山社中は幕末には稀な会社組織として固まっていく。

「龍馬の足は神速」とも言われるが、勝海舟らとの出会い、長崎を訪れる蒸気船を目の当たりにして、蒸気船を足に日本を動き回ることを考えるのは自然だ。大坂（大阪）と江戸とは、東海道を歩き難所箱根の山を越えて約三週間の日程を要していた。ところが蒸気船だと二日で十分なのである。短い人生の時間を、ずいぶんと得をした龍馬である。

勝から西洋汽船の操舵技術と海洋法規も学んだ俊才が、社中には揃っている。蒸気船を日本近海に走らせるのはしごく簡単な業である。「チーッと江戸に行ってくるぜよ」と、神速の龍馬は日本を駆け巡ったのである。龍馬の短い仕事人生に、そして幕末に、日本の各都市を走る蒸気船の「足」は絶大な威力を発揮した。

その蒸気船もできるかぎり、レンタルがよいとした。買えば、多大な資金が要るし借り物なら、使用期間の費用を支払えばよい、と合理的な考えを示した。蒸気船と龍馬とは深くつながってはいるが、交渉次第ではタダ同然のレンタル蒸気船を乗り回し、また蒸気船の曳航《えいこう》で社中の利を得る。

借り物で少々の金銭を支払い、これを商いの道具として使いこなす。そしてレンタル料を超える利をあげる。この商いの道理も、当時とすれば商才に長《た》けた発想である。

社中の隊員でもあった陸奥宗光によれば、「軍艦を動かし、また商船を動かすにしても、その道に熟達したモンが当たらんと、いずれも駆け引きの機を誤る。亀山社中はその二つを動かす隊なのだ。したがって軍略と商法に熟達していることが、社中の隊員には必要じゃった」と社中時代を振り返って言う。武装した会社組織というのが亀山社中の姿であった。

陸奥宗光は、明治初年からの難題であった条約改正に成功した外交官としても知られ、欧米外交と対峙《たいじ》しても引けを取らず、駆け引きの機を誤ることなく勝ち進んだ。その交渉力と理詰めの押しの強さは、日本外交官の尊敬を浴びた。範とすべき外交手腕が評価されて、ブロンズとなった陸奥像が、外務省の旧玄関脇に堂々として立っている。

亀山社中改め海援隊となった頃、龍馬は徳川御三家の紀州藩との海難がもめにもめて直談判することになる。そのときの龍馬は、万国公法にある西欧の決まり事を例に引いて理詰めで迫っていった。事に当たり、西欧の理屈で対応していく龍馬の強さも、陸奥の脳裡に刻まれていたに違いない。

「これからは、これナ」と、懐から取り出した万国公法の一冊をひも解いて、かつ実践して見せた隊長坂本龍馬である。

ジパング日本に来た欧米商人のホンネ

長崎の亀山を本拠に、亀山社中という社名を持つ組織が、日本で初めて結成されたのは慶応元年（一八六五）五月の頃である。

土佐ではなく長崎に亀山社中の本拠を置いたのは、そこが貿易港という事業性に関心があっただけではなく、海外の情報と国内の情報との接点が長崎だ、と考えたからである。海外渡航の経験を積んだ勝海舟や中浜万次郎が近くにいて刺激を受けていた龍馬は、海外経験がないこともあって、長崎で西洋の空気に触れ、コスモポリタン（国際人）になろうとしたとも言える。

それに長崎の雑然とした感じが龍馬の好みに合った。長崎には日本の各地からさまざまな目的を持つ人が集まり、立身出世の機会をねらっている。そんな雑居の様相と異国の匂いのする港町でないと、龍馬には生きにくかった。

長崎にいる外国商人たちにとって、日本は、いまだにマルコポーロの伝説にある「黄金の国」ジパングでもある。金塊は有り余るほどあると夢をふくらませ、日本に来て一儲けしようと考えていた。

事実、貨幣の原料になる金銀銅の生産高は、十六世紀の世界では日本が一番だった。日本は二五〇年ものあいだ、鎖国令により世界と国交を断ってきたが、小判本位制に象徴されるように、独自の金本位制を敷いていた。やはり金《きん》あればこそである。

欧米諸国の商人が長崎に来て日本の金をかき集めている。日本から金が持ち逃げされる・・・。日本は列強に乗っ取られる。

幕府が焦ったのも、無理はない。長崎には看板をかけない地下組織に近い海賊まがいの外国商人も多数いた。密航も幕府の目を盗んでこっそりと斡旋する。武器弾薬も売る。

しかし龍馬には、そんな雑居の様相があればこそ、和と洋とが織り成して混沌とし好奇心を惹きつける面白い街の風景であったのかもしれない。日本の商売も、ここでは成り立つ。龍馬は長崎亀山で社中の看板を立て、その存在を大いに宣伝しようとした。

「土佐みたいな、何の志もなかとこで汲々と日々を過ごしとったら、大馬鹿者というもんぜよ。川舟にのっちょるようなもんじゃ。キュークツ極まりないぜよ。それに比べて長崎で、亀山社中は実に盛んなモンよ」とは龍馬の持論で、そのためか

「龍馬は土佐ではあだたぬ奴」と言われた。「あだたぬ奴」つまり始末に負えぬ輩《やから》、龍馬は土佐の枠には収まりきれない男だ、と龍馬の上司にあたる武市端山が回顧してそう言ったのである。

しかし脱藩したのが二十八歳のときだから、一生を閉じる三十三歳冬までの五年間が、土佐を離れて自立した男、坂本龍馬を大きく成長させ、亀山社中を自立自営の会社組織にのし上げた。封建体制が緩んだ頃合いを見て、天性ともいえる経済人の才覚を表した坂本龍馬は、まさに時代の申し子、天の欲した商人と言えるのかもしれない。

カンパニーの鋳型

龍馬は利の効用に注目し、組織の力でそれを手にいれていく日本型のカンパニーを頭に描いた。近く幕藩体制は終焉を迎える。日本人同士が傷つけあう時代を終わらせたい。

「日本を今一度洗濯いたし申候」、龍馬は日本的で利益追求型組織の鋳型を作って行くのである。そして幕末社会の公器とでも言える組織が現れるのだ。

亀山社中は今の定款にあたる「運輸、射利《しゃり》、開拓《かいせき》、投機」を目的に掲げて結成された会社組織であり、任務の遂行に必要な情報を収集する精鋭集団でもあった。「射利」とは営利を目的とする意で、組織を挙げて商売を行うとの主張は、およそ封建武士にはみられない感覚である。

さらに社中は北海道を開拓するために、「開拓」を事業目的に加えたが、これについては本業の貿易業に追われ、計画のみに終わった。

ちなみに幕末のころには会社という文言がなく、坂本龍馬の発案で仲間が協力しあいながら仕事をする民の組織を「社中」と呼び合い、亀山社中はこれまでの日本では存在し得なかった原始的な会社組織を備えて誕生する。

長崎亀山に本拠を構えた社中である。亀山とは地名でもともと亀山焼きという陶器を生産していた。窯元が廃止され亀山に寄り付く人たちも少なくなっていたが、龍馬はその地名に親しむ意味から、新しい組織を亀山社中と名づけた。

ユニフォームも必要ということで、全員が白袴《しろばかま》を身に付けることにした。ユニフォームの発想も画期的であるが、組織一丸となって商いをするとの連帯感も自然に生まれた。

ぞろぞろと、白袴をはいた男たちが長崎の花街を練り歩く様は長崎名物にもなった。「社中の白袴」と呼ばれ、これがまた人気を呼び亀山社中を大いに宣伝する結果になったのである。

料亭『花月』にも立ち寄り、女将たちと仲良くなる。女性の応援もあって、亀山社中の人気は鰻上りであった。その『花月』は今も当時のまま残る。

今から一四〇年も前に、現代の総合商社に通ずる特質を、亀山社中は既に備えて誕生した。

総合商社は情報収集を最大の武器に商売をすると言われるが、情報の価値に目をつけ商売に結び付けた亀山社中は、まさに総合商社のはしりであった。当時、組織といえば奇兵隊や新撰組などに代表される軍事組織が一般的で、亀山社中のような会社組織は日本に存在していなかった。

龍馬の描くカンパニーの構図に、東印度会社が意識下にあったことは否めないが、幕末の商業組織としては、まさに画期的である。亀山社中は軍隊的な会社組織として誕生した、といえる。そして「軍略」と「商法」のふたつの手綱を適度に調整しながら、幕末のカンパニーは動いていく。しかし亀山社中は黒船のような軍事勢力にはなれなかった。

肥後実学党の横井小楠《よこいしょうなん》は、現況を把握せよとし、欧米の道理が日本の道理と適う部分を見極めるべきだとして、受け入れられる部分は受け入れ、そうでない場合は日本の武力で列強を脅してみるのもよい、と柔軟な考え方を示す。龍馬はそれに関心を持ちつつも、欧米列強を動かしている法規『万国公法』で理論武装することがもっとも大事だ、と考えていた。それを理解し理論武装すれば外国の情報も手に入れやすくなる。それは内外の現況をつかむ事にもなり、社中の発展につながる、と考えた。

隊長が言うには、「ワシは攘夷のはげ落ちモンぜよ。むこうと鉄砲で撃ち合う気持ちはトーに（とっくに）のうなったが、黒船の要求が日本の道理にあわんのは当然じゃ。社中は万国公法なる法規を学んで対等にものが言えるよう、理論武装すべきだろう。攘夷も小楠も解せん」と。万国公法の理解は外国と対等にものが言えるようになるための道具でもあったのだ。

上海から輸入されたという万国公法が、江戸の昌平坂学問所で日本語に訳され刊行された。龍馬は、その『万国公法』の一冊を手に入れていた。写本である。これには、公海や領海での船の運航についての決まり事が書かれてあり、龍馬はそれを国の決まり事と言っているが、入手した『万国公法』はその一部であり、主たる内容は、蒸気船が領海や経済水域、公海などを航行するために必要とされる海洋法であった。

ともあれ龍馬の懐は、西洋でパンパンに膨らんでいた。「学問が大事ぜよ。これからは、しっかとコレを読まんといかん」と、隊長自ら勉強していたのである。

一方で、勝海舟は横井小楠を「俺には、はしごを掛けても及ばぬ大先生だよ」と大変尊敬していた。「寝るときに、足を大先生の居宅に向けられない」とも言っている。何をもって勝海舟を横井小楠に心服させたのか。

それは横井が時勢の動きに敏感で、自説をもそれに合わせて変節を遂げていく柔軟な思想の持ち主だったからである。かたくなに自説を曲げずに突っ走る輩に、勝はへきへきしていたのである。

しかし、そういう態度は誤解されやすく、武士にあるまじき不逞だと誹謗《ひぼう》されることも多く、とりわけ攘夷派の反発を買った。

「東に佐久間象山あれば、西に横井小楠あり」とまで言われた聡明な思想家であったのだが、龍馬にとっては、風涛《ふうとう》荒れ狂う幕末にあって身を乗り出してこそ、維新回天の大望を現実にできる、と考えていた。考え方も必要だが行動も必要というわけである。万国公法で日本を取り巻く現況を知り行動するのが、龍馬の生き方となった。このあたりが、勝と龍馬との違いであろう。

亀山社中に入ると勉強を義務づけられた。

龍馬は社中に研修制度を取り入れたのである。隊の者たちは政治学、語学（英語、蘭語）、航海術を学び、国内外の情報をかき集め、それを分析して行動することが求められていた。世界に向かって事業を広げる社中の方針であった。そして社中の運営に資する人材に育ってほしい、と龍馬は考えた。

京都伏見の寺田屋に書き送った手紙には「長崎にて一局を開き書生の世話致し申候」とある。一局すなわち学問所で社中の書生を研修教育すると言うのだが、その費用は社中の「射利、運輸」によって稼いだ「利」で補った。そういう予算も経理上では組んでいた。

「世界の海援隊でもやらんかな」とは隊長坂本龍馬だが、亀山社中改め海援隊と改称するころには、武装した亀山社中は着々と日本初の総合商社としての形を整えていたのである。事が起これば援護射撃はするがそれは二の次、商いは当然、学問にも力を入れる研究集団としてのカンパニーは、総合商社に近づいていく。

幕末といえども、武士社会は面子《めんつ》にこだわったわけで、そんな中で現実の利を計る龍馬の物差しは、きわめて近代的であった。日本六〇余の諸藩の力を掻き集めても、弓や銃などでは、現実には諸外国の軍艦には対抗できない、攘夷などとても無理だ。ならば、小国日本であろうと外国から蒸気船を購入し、世界の情勢に眼を向けて、武力ではなく商業を興して貿易や貨物の輸送などで利をあげていけば、日本も外国と共存することが出来るだろう、との考えが龍馬にあった。亀山社中を設立する基本的な動機である。

組織の人員は、諸藩の対立や士農工商といった身分制度の因習を打破して募集する。このような意識下のもとに、坂本龍馬は欧米型カンパニーの原型を描いて日本型カンパニーに似合うように、欧米形式の角を削っていく。

出資はとりあえず薩摩藩に仰ぐ

しかし、問題はいかにして稼ぐか、である。五〇余人の社員を雇用している。給与も出さなければならない。

社中を立てるにあたって、出資はとりあえず薩摩藩に仰ぎ、いわば薩摩の外郭団体としての大義名分を果たさねばならない。社中が稼ぎ出した「利」は分配し、社員の月給は全員三両二分とした。かしら分の坂本龍馬も同額である。月三両二分という額は武士の平均的な月収とほぼ同一で、龍馬の経営感覚に民主的な精神が伺える。

新撰組の隊長近藤勇は五〇両、副長土方歳三は四〇両、ヒラの隊員で一〇両は下らなかったとのことだから、亀山社中はそれに比べれば安月給ではある。しかし「足らない分を稼ぎ出すのが、亀山社中ぜよ」と言い聞かせていた。

咸臨丸でアメリカに渡ってきた恩師勝海舟から、「メリケン（アメリカ）にはリンカーンという将軍がおって、人はみんな平等だと主張し、対立する軍隊に勝ったそうな」と聞かされ、「こんワシも日本のリンカーンになろうかな」と、多少なり考えるところが龍馬にあった。龍馬の民主精神には、勝の影響が大であったのだ。その前には、ジョン万次郎から知って夢を膨らませたアメリカがある。

当初、とりあえず長崎の花街に出かけて「塩でも売らんかな」と考えていた龍馬だが、亀山社中の取り扱う物品は、武器、洋服から食料や塩まで、その品目は多岐にわたっていく。総合商社のはしりであるから、社中の者たちはカステラやスープも口にした事だろう。

ちなみに吉田松陰も長崎に来ているが、そのさいオランダ人からスープをご馳走になった。松陰の感想といえば「それは粉のようであった」と日記に書いた。参勤交代の手土産としてもらった八丁味噌が大好物の松陰である。それと比べれば、たいして感想も無し、という味だったのか。

亀山に本拠を置いて果報は寝て待てとばかり昼寝でもしていたところ、数等の騎馬隊が社中に近づいてくる気配がした。もしや賊でも、と一同は身構えたが、薩摩藩の小松帯刀《こまつたてわき》ら四人が、龍馬に面会に来たのだ。

丸十字くつわ紋を白抜きにした黒地の羽織とおなじく丸十字の陣笠を身につけて威風堂々として現れた。薩摩藩主からの伝令を届けに来たのだった。小松は大鬢《おおびん》に髪を結い上げ、体をゆすって歩き、いかにも薩摩隼人らしい大柄な体躯《たいく》をしている。

「亀山社中の設立、お役目ごくろうさんでごわす。亀山社中には神戸海軍操練所から集まった精鋭が多くいると聞いておる。そこで頼みじゃが、薩摩は蒸気船を購入したのだが・・・」

なにやら言いにくそうである。

「長崎港に停泊している薩摩藩の海門丸を鹿児島まで回航してはもらえぬか。こい蒸気船を引いていくには薩摩の細腕ではこたえもす。チーッと引いてきてやってもんせ」

と、小松がいうので、龍馬らは朝飯前の初仕事と喜んだ。

「おやすい御用じゃ。やってみんしょ」と軽く引き受けた。

亀山社中には商いについて、つぎのような社是があった。

「国を開くの道は、戦をするものは戦い、修行するものは修行し、商法は商法で、めいめいかえりみずやらねば相成らざる事」

これは坂本龍馬の商いを執り行なう魂胆に通じている。事を行うには、それぞれに割り切ることが大事で、それなりの方法論なり慣習を貫くべきだ、と。佐久間象山でさえ、「金を儲けるには片足を上げて小便をしなければならぬ」と述べる。商いには、その決まり事を遵守《じゅんしゅ》していなければ商いはできない。奇兵隊の創設にしろ、幕末には発想の転換があれば、それにともなう物事の割り切り方が、結局はものを言った。

ところで薩摩藩では、長州藩との覇権争いに勝ち進むため、蒸気船を建造しようと、蒸気機関の研究を進めていたのである。実際に雲水丸という蒸気船を建造し進水させたが、実用にならない代物であった。

龍馬は雄藩薩摩の迷いも理解している。

しかし日本六〇余州、一国の力だけでは何も出来ない。藩の壁を超えた協力関係が今こそ必要とされている。それに亀山社中は脱藩組の浪士が寄り合って商いを始めようとしている。

龍馬らは小松からの伝令を知って大いに喜んだ。初仕事だ。これで、とりあえず日銭が入る。

「では、いくら出す」と問えば、「金六万両でいかがかなものか」と言う。社中の面々は驚いた。このくらいの距離で蒸気船を回すのは、安くて二〇〇〇両から高くて五〇〇〇両が相場というもの。龍馬は、薩摩藩のテコ入れだと察し、亀山社中のメンバーは即その足で海門丸に向ったのである。

一同、長崎港に行って見ればオランダ製の船で十八階のハシゴがあり、外輪式蒸気船とは異なりスクリュー式の新型である。その雄姿を見て蒸気船が大好きな龍馬は喜んだ。これで、とりあえず資本力がついた。ちなみに薩摩藩が購入した海門丸の買値は三万両だった。亀山社中に支払った回航料はその倍額である。「国事を行う資金ぜよ」と龍馬は直感した。

これで体力をつけた組織になった。そのうちの三万両は社中の出崎官に預けた。預金である。

龍馬は六万両に長崎の保証人もつけている。

それはなぜか。

六万両は維新回転に期待しての薩摩藩の好意で受け取ったものだ。万が一、亀山社中が当初の任務を果たさず、その金を使い果たしてしまったときなど、薩摩藩は大損害を受ける。その危険を避けるために保証人は必要と判断したのである。

その保証人には、長崎の商人で、亀山社中に協力を申し出ていた小曽根乾堂《こそねけんどう》なる人物になってもらった龍馬である。

「小松帯刀どん、これでよかじゃろうか」

「異存はなか」

と、なった。

しかし幕末の動きには一刻の猶予もならず、蒸気船の操舵だけで商売が成り立つわけではない。総合商社の構造を持って商いを始めた亀山社中である。儲けの主流は、時勢が時勢だけに武器弾薬の仲介で稼ぎ出さなければならない、と考えていたところ、アメリカでの内戦が終わり、大量の新式の武器や弾薬が不要になったとの貴重な情報が龍馬の耳に入ったのである。

その南北戦争は一八六一年（文久元年）に始まり一八六五年（慶応元年）に終わった。偶然というべきか日本も歴史の大きな歯車に動かされていたとしか言いようが無い。

終戦で不要になったが、新品同様の新型銃器が上海に一部陸揚げされて買手を探しているという。上海にそれがあるということは、外国商人の触手は内戦にある日本に向かっている。売り手は日本のどこでもよい。大規模な市場が日本にあったのだ。日本の古式銃では戦にならぬ。

日本で製造したとされる大砲は、長州の萩で鋳造されていたが、弾丸の飛距離はせいぜい八〇〇メートルで、馬関海峡の真ん中にも届かず英米仏露の四国艦隊の手前で弾が落ちてしまう。

列強艦隊から何だこれはと、随分と馬鹿にされた。ついに列強は馬関に上陸し、大砲を記念品として持ち帰ってしまった。しかし馬関戦争で欧米列強を相手に、真剣勝負を挑んだ高杉晋作率いる奇兵隊だが、国際情勢を知らない日本の無力さを経験した後味の悪さが残る。気力だけでは勝てない。そう悟ったのは、高杉だけではあるまい。

馬関戦争は日本に屈辱的な敗戦であった。

その日本を植民地にしよう、との狙いがイギリスやフランスにあった。植民地政策で常に対立してきたのが、英仏二国である。伝統的対立といっても過言ではない。それを日本の舞台で演じようとしている。アメリカはモンロー主義を建前に趨勢を見守っていたが、列強諸国の主導権を握っていたのは、やはりアメリカである。

一方、フランスは幕府側に付いている。対してイギリスは長州に関心を寄せている。万が一武器弾薬がフランスを通じて幕府の手に渡れば、幕府はフランスの言いなりになって日本の独立は守れない。結果的に日本はフランスの植民地になる。亀山社中を取り巻く世界の動きにアンテナを張りめぐらせた。まさに龍馬の「情報の先取りは商いの先取りじゃキニ」にあった。

長州軍の主体は、正兵たる藩兵ではなく奇兵隊である。

その奇兵隊が幕府に勝てば、維新が達成され政権の交代になる。日本人による新しい政府が誕生する。そうなれば、内政干渉は欧米列強にはできない。逆に幕府が勝てば、弱体化した日本を支援する口実が立ち、フランスやアメリカを中心に内政干渉が始まるのは目に見えている。日本を欧米列強から守るため、論理的にも、幕府は倒さなければならなかった。亀山社中が世界を巡っていくにも、植民地と化した日本では困る。

そういう雰囲気を知り得て、そこから具体的に現実を察知するのは坂本龍馬、天性の能力である。長州が幕府の第二次征長戦に備えて大量の新式銃を欲しがっているのを情報としてつかんでいた。第一次征長戦では、長州藩が大敗して幕府に頭を下げた。

しかし高杉晋作は、幕府に媚びた長州藩の態度は間違っていると大いに怒り、みずから藩兵とは異なる民兵軍を組織したのだ。それを奇兵隊と名づけて、幕府に決戦を挑もうとしていたのだ。

奇兵とは民兵の意味だ。奇兵隊は、藩の規律からも自由であり行動に於いても拘束はない。この怒りは本物だと察した龍馬は、どうにかしてアメリカ直輸入の武器購入を仲介しようとした。

ところが、幕府管轄が及ぶ長崎で、長州者が堂々と武器を買い付けるわけにはいかない。外国商人も長州と聞けば、幕府の管轄下にある長崎では商いの手を引いた。

しかし、長崎は外国との商取引を行える公けの窓口である。龍馬はそこに目をつけた。長崎で商売をしている亀山社中である。薩摩と紐付きの社中が買うのはいっこうに構わない。総合商社たる亀山社中の実力を演じて見せる舞台が用意されたのである。

社中の取り扱い商品は今や洋式武器が主体となり、アメリカ南北戦争が終わったために不要となった銃器がグラバー商会によって長崎に運び込まれた。社中がそれを仲介し顧客に引き渡す窓口になった。顧客は長州である。長州奇兵隊とすれば面子《めんつ》に掛けても、幕府戦に勝たなければならない。龍馬も勝たせたい、と考えている。

長州米と薩摩名義とを交換

龍馬の強さは、積極的な出会による人脈の太さである。その太い人脈のネットワークは、立体的に編まれた。平面的でないところが、龍馬の交渉力となっている。上下左右、パイプの中を走り回った。龍馬は貪欲なまでに、これまで築いてきた人脈と社中の機動力を利用したのである。

社中の大株主は佐幕派の薩摩藩である。そこで龍馬が考えついた案は、西郷吉之助（隆盛）に話をつけ、薩摩藩名義で武器を購入させて長州に引き渡す案であった。

しかし薩摩藩と長州藩は犬猿の仲、禁門の変（蛤御紋の変）では久坂玄瑞ら長州を代表する志士が多数、薩摩藩と結託した幕府軍に斬られた。「薩摩は賊」と、敵愾《てきがい》心《しん》を露にしている長州と、薩摩を結び合わせようとする龍馬の奇策には、西郷がもっとも驚いた。長州を恐れてもいる。

この策は常識はずれではあるが、時代のゆくえを読みきっている坂本龍馬である。時代は時を待たず回っていく。慶応元年春、龍馬ら社中の隊員は、右舷に桜島の噴煙を見ながら胡蝶丸で薩摩に入った。そして西郷との直談判が始まる。

「のう、せご（西郷）。薩摩と長州とはこみいっちょるが、どちらも目差すところは同じ。お互い日本の夜明けを待っちょる。はよう幕府と手を切ってくれ」

龍馬は、これからは薩長二藩の時代だ、仲直りをせよと、この一点に話を集中させた。西郷は内諾をしたのだが、問題は長州の出方次第だ、とした。

龍馬はいっぽうで、感情の高ぶっている高杉との接触は控えて、長州藩の桂小五郎を口説き、馬関（現・下関）竹崎町の蕎麦屋《そばや》で西郷と会談させる手筈を整えた。西郷も、龍馬がとりもち役をしてくれるなら、桂と会ってもよい、とした。龍馬を交えて薩長が連合するための手筈を整える予定である。龍馬には、高杉は近寄りがたいものがあった。相性というものだろう。

レンコンと呼ばれていた六穴《ろっけつ》の弾巣をカラカラと回して弾《たま》を詰め、ピストルの撃ち方を習った龍馬である。馬関の奇兵隊宿舎で、龍馬は、高杉から「もしかのときがあれば、これを使ってくれい」と、スミス・アンド・ウエッソン製を手渡された。

その「もしか」は京都寺田屋事件で現実のものになった。薩摩の指揮下に、京都見廻り組が同じ薩摩の急進派を襲った事件だが、寺田屋は討幕勢力をかくまう宿舎であった。龍馬も宿泊していたのである。龍馬は高杉の贈り物で命を救われた。

高杉は馬関で商売をしている地下組織に近いドレークというイギリス人から、いろいろな品物を手に入れていたが、取引きの規模は小さかった。馬関は幕府の管轄の及ばない治外法権の場所でもあったから、長崎では扱えない密輸品が入手できた。アヘンなども馬関では手に入った、と言われる。

ところで、西郷はついに蕎麦屋に姿を現さなかった。西郷の言い訳は「大久保どん（大久保利通）からすぐ上洛せよ（京へまいれ）と言われもうした」であった。

しかし西郷には、長州の用事になぜ薩摩がわざわざ馬関に出向いていかなければならないのか、との気負いがあった。禁門の変で長州藩士らを叩いた恐れもあった。だが、時代の大きなうねりは止められない。薩長同盟の成立は是が非でも実現しなければ、日本という国家が無くなる。それは西郷にもわかっているが、雄藩薩摩の面子は崩せない。

このため中岡慎太郎も薩摩から胡蝶丸に同船し、西郷とともに動いている。だが、豊後佐賀関に寄航したとき、西郷の心が大きく揺らいだ。「中岡どん、わるかこつになりもした。馬関には寄れん用がありもす」と、大久保の一件を持ち出したのである。中岡は、薩長連合を袖にする肝《はら》かと迫ったが、西郷を口説くのは無理と察し胡蝶丸を降りた。

小船に乗り換えて、会談場所にやってきたのは中岡だが、誠意だけでは通じないのが交渉である。

「薩摩のステンクラ（うそつき）にやられた」

桂は激怒したものの、主役不在では、なす術がない。

「何事も天の定め」

西郷の信念である。

長州はカンカンに怒り、西郷の本心はつかめない。絵空事《えそらごと》に終わる薩長同盟と思わざるを得ない状況にあって、龍馬の胸中には、次の秘策が浮上していた。「利」の効用に目を付けたのである。「利」の効用を使うとはいっても、目的にかなう有効な手段とならねばならない。長州藩は武器を欲しがっているが、では薩摩藩は何が欲しいのか。

龍馬はそこを亀山社中の情報収集力を使って徹底的に探ったのである。薩摩にも「利」を与えなければならない。「利」の交換があれば、まとまらない話もまとまる。龍馬はそう考えた。

外交を成功裡に導くには利の供与から始めよ、との鉄則がある。現代の外交畑でも、利の効用はよく使われている。国家間で経済的支援を行うとか止めるとか、今でも話題は豊富である。まずは種をまいておいて、芽が出てきたところで政治的な交渉に入る手段である。それを知ってか知らぬか、幕末の舞台でそれを演じていたのが亀山社中である。

亀山社中は情報網を駆使して、薩摩藩が「米」を欲しがっている事実をつかんだ。薩摩地方は南国では珍しい冷害が重なったための飢饉続きで、米が不足していたのである。

一方の長州は山脈に囲まれた豊穣な大地と水に恵まれて天候もよく稲は豊作続きで、米は充分に余っている。長州から薩摩兵に糧米を提供させれば、薩摩も無理難題とはいえ話しには乗ってくるだろう。藩は他藩に自藩の食品を回すことはなかった。軍事的なバランスが崩れるからである。これをやろう、としたのが龍馬および亀山社中なのである。

薩摩は江戸や京の藩邸で使う米が不足していた。社中の面々を引き連れて長崎の薩摩屋敷にいる小松帯刀に問い合わしたところ、こう言う。

「京や大坂（大阪）では特に足りもさん。そげん理由《わけ》で、藩内には戦でも仕掛けて米をぶん取ろう、という極論もありもっそ。じゃどん、こん事《こつ》やれば、薩摩はスッポケモン（卑怯者）と言われもす。米が取れんで、薩摩はたいそう困り果てておる」

情報は正しかった。江戸では闇市場でどうにか俵米を買い付けられたが、京では米の流通がいっそう悪く、志士狩りのために、倒幕勢力である志士らには米を食わすな、というわけである。いかに努力しても、いわゆる提灯米しか手に入らなかったのである。提灯の容量程度の米という意味合いで、そう呼ばれた。やむをえず闇市場に行かざるを得ない。雄藩薩摩といえども、侍が夜中に提灯を下げてザル一杯の米を買い付けなければならなかった。その意味でも、米が政治的に利用できる道具であることに気づいた。

「よし、わかった。なあ小松どん、社中が米を長州からオンシところに送り届ける。長州は豊作じゃ」

と、龍馬が切り出した。

「どうすっもいか」

「ここは、幕府にわからんよう、交換するんじゃ。薩摩の名義を長州に貸してやれ。これでうまくいくぜよ」

かつて上杉謙信が、敵対する武田信玄に塩を贈り美談として語り継がれたほどである。しかし「そこはなんとか、俺が」と、掛け合うのが龍馬の根性である。龍馬の目の付け所は的確だった。

しかし、その銃器弾薬をどうやって長崎から馬関に運ぶのか。そこには、また坂本龍馬の知恵がまわったのである。

龍馬は尋ねた。

「小松どん、ひとつ聞きたいことがある」

「なんでごわすか」

「あんさんの所に、もう一船あるのう。胡蝶丸という蒸気船がのう。あれも大船、世間では薩摩藩船としてよう知れ渡っちょる。あれをこんワシに貸してくれ。社中のワシらが薩摩に化ける。運搬の道具としてナ、あん船を使うのだ。さしずめ、こんワシは土佐のステンクラと思うてツカーさい」

「よか、そいでよか。そうしもっそ。これも隊長坂本殿の、国事を考えてのご決断。西郷吉之助、大久保一蔵には、よっく申し伝えておきもっそ」

と、快諾が降りた。坂本龍馬の人柄が出た舞台でもあった。禁門の変で、幕府の薩摩に対する信頼関係は厚くなっている。これを利用した。裏切りではあるが、策はようするにダマシである。

奇兵隊には白石正一郎というパトロンがいる。馬関の廻船問屋で豪商である。高杉晋作の時勢論を聞いて非常に感服した、という。そのときすでに五十歳はこえていたが、意を決して奇兵隊に入隊した。かといって、鉄砲をかかえて走りまわるには体力がつづかない。奇兵隊は、彼が経営する小倉屋《おぐらや》からの資金援助が得られる。武器弾薬の支払いは、小倉屋が取り持つことになった。資金繰りもうまく回っていった。

こうして、長州が薩摩名義を借りて武器を購入してもらう代わりに、長州は薩摩に自藩の米を贈ることで、めでたく話がまとまった。ゆえに米と名義貸しの交換条件で武器弾薬は奇兵隊に手渡され、重要な取引は無事成功した。大船胡蝶丸は薩摩の顔をした龍馬らに操られ、馬関と長崎、薩摩との間を往来して、その大役を果たしたのである。

伊藤俊輔（伊藤博文）と井上聞多（井上馨）は、長州の代表として長崎に赴き、亀山社中立ち会いのもとに、薩摩名義でグラバーから七七〇〇挺の洋式武器を買い入れてくる。

内訳はゲーベル銃三四〇〇挺、ミニエー銃四三〇〇挺。むろん表向きは薩摩藩が武器を購入したことになり、薩摩藩と手を組んできた幕府は、当然のごとく薩摩藩の軍備増強と思い込んでいた。

しかし思い違いとはこのことで、七七〇〇挺のアメリカ南北戦争払い下げの新鋭武器は、海路、長州へ向かい奇兵隊に横流しされた。

奇兵隊は迫る幕府戦に自信をつけ、薩摩は大量の米を贈られて喜び、亀山社中は仲介料で大儲けした。

武器の売買となれば、幕府への気遣いから売りを遠慮する外国商人が多い中で、グラバーには先見の明があった。

長州へ支払い条件を立て、「米か絹でよい。そのなかに小判が交じっていればなお良い」とした。奇兵隊への支援を約束したのである。

そのグラバーへ話をもっていった龍馬もまた、先見の明があった。グラバー商会だけが通商の窓口ではなかったのである。日本で、唯一海外に開かれた長崎には、海賊まがいの商人も多数ひしめき合い、商売をしていた。そのさまは、まるで「アリが甘い物にたかるようであった」という。ということは、長崎奉行所の管理能力もさほどでもなし、である。それまた、幕府の弱体化を意味していた。

伊藤俊輔や井上聞多らも、彼らの手助けを得てイギリスに渡ってきた。二人は、龍馬とは蒼龍軒《そうりゅうけん》という江戸の溜まり場で、同じ釜の飯を食った旧知の仲でもある。ここには江戸遊学の許可を得ていた頃の吉田松陰も寄宿した事がある。松陰はここで国に報いる志士たちに触れ、熱涙《ねつりゅう》の講義をして、松陰みずから泣き、そして座の者はみな泣いた、という。

そういう溜まり場でもあった。このような所でも、龍馬の人脈は広がっていた。

社中の「利」は武器を仲介するマージンで稼ぎ出す。そのマージンは、新品銃で売値の三割、中古銃で一割とした。グラバー商会から買い入れるのは、薩摩名義で亀山社中が買い取るが、これは仕入れ値である。新品で一八両、中古なら五両であった。

長州への売値は、これにマージンを上乗せしなくてはならない。それに長州は幕府戦に備えて、軍艦が必要であった。これについてもグラバーが手配して、ユニオン号を長州に売ることになった。亀山社中の仕入れ値は三万五千両で、売値は三万七千両で、二千両が社中のマージンとなる。

ユニオン号の購入にも、幕府の目が光る。船名はとりあえず桜島丸とし、薩摩藩の旗を掲げておく、操舵は亀山社中の隊員がそれを行うことにした。世紀の商談は、長州からは伊藤と井上が出席し、グラバー商会、亀山社中の三者会議で決着した。仲介料で稼ぐ発想は、まさに総合商社である。

薩摩藩船の胡蝶丸、ユニオン号が武器弾薬を積み込み、長州の三田尻港に陸揚げされ、めでたく馬関に屯所がある奇兵隊に渡されたのである。胡蝶丸は一旦、薩摩に向うが、それは幕府の目を盗むため。再び、海門丸を曳航して長州に向ったのである。胡蝶丸は馬関から大量の米俵を積み込み、錦江湾に入った。

社中には十分なマージンが手に入った。資金繰りも独立した。簿籌《ぼちゅう》官も筆の色を差し替えた。

――これで亀山社中は独立したぜよ。これで薩摩の紐付きにならんですむ――

坂本龍馬は組織作りに成功した、と実感する。

両船とも亀山社中が操舵を請け負い、龍馬はまた、ユニオン号を貸し切って「神速」を披露するのである。ユニオン号は桜島丸を改めて和名・乙丑丸《いっちゅうまる》と名づけ、亀山社中が独占的に使用するのだが、面白くないのは奇兵隊の側だ。乙丑丸の所属と運行権について、ひと悶着があった。カネは出したが、奇兵隊には蒸気船を動かす能力がない。使いきれないユニオン号である。亀山社中の言いなりになるしかなかった。

いまさら海援隊が蒸気船を買い付けるのは、無駄であり時間がない。幕府戦は近い。その時には必ず駆けつける、それまでは貸してくれと説得した。要領のいい龍馬である。この蒸気船を社中船同様に、日本近海を走り回ったのである。

欧米列強のなかで、とりわけイギリスは長州に関心を寄せており、奇兵隊をコンドルと呼んでいた。フランスはレオン・ロッシュ公使を通じて、幕府を支援する様子をうかがわせていた。

幕臣の小栗上野介《おぐりこうずけのすけ》がその窓口になっているのだが、フランスの港に似て浅瀬の少ない横須賀港での造船所建設にも難色を示している。幕府へのフランスの資金援助はいつになるかわからない。

イギリスは、そのような先の無い幕府の処理に関心を寄せて、長州をコンドルと呼んだ。弱体化した幕府を食って一掃してくれるだろう。勝海舟でさえ獅子身中の虫などと呼ばれ、時代の流れは倒幕に向いつつある。

ともあれ龍馬のビジネスを通じて、薩摩と長州とのわだかまりは解けていく。

やがて薩長同盟の段取りが整う。「利」の効用に納得した西郷は、桂と京の薩摩藩邸で会合する旨を確認し、薩長が連合する準備が整っていく。薩長同盟は表向き、ダイナミックな時勢に動かされてきたように見えるが、その実、坂本龍馬と亀山社中によって、こまやかな経済的な調整がとり行われて成立したのである。

第五章　エピローグ　仕掛けた奇略のゆくえ

士道にそむくまじ事

仲介料で儲かった亀山社中は独立採算のメドがつき、龍馬は薩摩との紐付きはやめようと決めた。これを機会に後藤象二郎の薦めもあって、海援隊へと名称を変える。「海を援《た》すくる」との想いから名づけられた。

この際、社中は後藤から一万両を融通してもらい、順風満帆の勢いであった。龍馬は約款まで作って、「これで薩摩の紐付きにならんで済むのう」と、海援隊の誕生を祝ったのである。まさに、目の付けどころのよい龍馬の経営手腕によるもの、絵を描くように、とんとん拍子に事が運んだのである。

さらには海援隊の誕生に刺激され、土佐藩士の中岡慎太郎が「龍馬が海援隊なら俺は陸援隊を作っちゃる」となり、龍馬と共同歩調をとることになった。薩長同盟に中岡は龍馬と東奔西走することになる。龍馬にとって、ツキがツキを呼び込む格好となった。

坂本龍馬は六尺（約一八〇センチ）以上もある、当時としては見上げるような大男である。背丈のある大男は剣術に秀でる者が多く、龍馬は北辰一刀流長刀兵法の免許皆伝を授かっていた。しかし、長刀とは薙刀《なぎなた》のことで、なぜ薙刀を志したのか、またそれは誤まりなのかは疑問ではあるが、千葉道場の塾頭を努めたわりには、さして武勇伝が伝わってこない龍馬である。

千葉周作の弟、千葉定吉と三〇本試合《たちあ》って死闘を尽くしたが完敗した、という苦労話のほうが伝わってくる。人の三倍も努力をしたという龍馬だが、むしろ剣術は苦手で、千葉道場でも龍馬は人柄のほうが光った。

かつての上司、武市瑞山が坂本龍馬を評して言うには、「肝胆は元より雄大、奇機おのずから湧き出づ」とし、龍馬の名に恥じない男だと。「茫洋として雄大、天衣無縫」というのが、坂本龍馬の人となりを評価する決まり文句で、彼の大らかさは亀山社中にあっても隊員をひきつけ、組織をまとめる男の魅力であった。

龍馬を語るにはこんな逸話も残っている。

木屋町の海援隊京都本部から、龍馬がちょいと散歩をしようや、と長岡謙吉や陸奥宗光ら二人を連れて嵐山に出かけた。すると道すがら浅黄色の布地に派手なだんだら模様を染め抜いた隊服が見える。

十人はいる。

「隊長、逃げようや」

「いや、逃げたら捕まる。真ん中を突っきれ」

「何をいうちょるか。斬られにいくのか、龍馬」

「まあ、おまんら鼻くそでもほじくって、ワシに付いて来いや」

龍馬に子猫が寄り付いてきた。それを抱き上げ、「ヨシヨシ」と柔らかな毛を頬に押し当てながら進んでいく。子猫は目を閉じて気持ちよさそうである。

十人の隊はあっけに取られて、道を二手に開けてしまった。声もかけられない。

「なんとも面白いご仁《じん》じゃ」とは、土方歳三である。龍馬のパフォーマンスも一流であった。

「泣き虫龍馬」と呼ばれた多感な少年時代もあった龍馬だが、いまや天下の亀山社中を運営するまでになった。

その柔と剛とを兼ね備えた男の魅力が光る坂本龍馬、人生最大のイベントが薩長同盟の斡旋であった。横須賀に軍艦の修理も行う造船所を造ろうとしている小栗《おぐり》上野介《こうずけのすけ》の台頭により、幕威が上昇している。もはや時間がない。

長州再征伐の準備が進む慶応元年十月、龍馬は長州に入り桂小五郎と再び面談する。

「兄さん（桂）、薩摩名義で高杉さんとこに七千七百挺の小銃も買い付けてもろうた。道具は揃うちょる。確かに、こん前は薩摩にコケにされたちゅう格好じゃったが、一藩の面目が如きは、こん際こらえてもらえんじゃろうか。日本を救わんがためじゃ。和議決着の件、今度は必ず西郷を説得してみちゃる。西郷にも、薩摩藩の面目を捨てさせる。これは伊藤はん（伊藤俊輔）にも約束したところじゃ」

これに対して桂は、こう答えた。

「孤立無援のために我が長州が幕軍と戦い焦土となっても、薩摩藩が後に残ってお国のために図ってくれるんじゃったら、遺憾はない。ただし、こっちから和議、盟約を願うのは哀れみを請うちょるのも同然、士道の意地としてそれはできん」

「こんバカタレ。意地のクソのと言うちょるときじゃなかろうが」

「しかし」

「のう兄さん。今や、しかしはなか。オンシの心境はようわかっとるぜよ」

龍馬は、桂が悲壮感をもって薩長同盟を待っている、と察した。もし薩長の盟約がならなかったら、桂は腹を切るしかない。龍馬は久坂玄瑞の言葉を想い起こした。

「藩など潰れてしもうてもかまわんではないか。坂本くん」

藩の面子《めんつ》がどれだけ維新回天の事業を阻害しているか。脱藩《くにぬけ》の龍馬とすれば、意地だのなんだと言い合っているのが面倒で仕方ないのだが、現実は長州も薩摩も藩の壁にこだわって意地の張り合いである。しかし、長州には薩摩にやられたとの引け目が残る。

「桂さんを一人で死なすわけにはいかん」

龍馬は是が非でも西郷吉之介を説得しようと立ち上がる。「もしや兄さんが自害したら、俺は西郷どんを刺して死ぬ」決意であった。龍馬も意地を張る。

薩長同盟の効果

慶応二年一月二十日早朝、龍馬は凍てついた京の石畳を、カッカッと下駄の歯音を立てながら二本松の薩摩藩邸に入った。

「西郷《せご》を出せ、また逃げよるか」

龍馬は足で障子をたたき開け、襖《ふすま》を蹴り倒す。動揺した藩士たちが刀を手にした。この騒ぎに、西郷が奥座敷から出てきた。

「坂本どん、どうしもっそ。なんぞ、変わったコツ、あいもしたか。おいどんは、ずっとここにおりもしたが・・・」

「チッ、シラを切るつもりか」

「よかごわすか。おいどんが聞いておるのは、長州になんぞ起きもしたか、というコツじゃ」

「せご」

西郷と談判をして、薩長を結ばなければならない。もはや猶予はない。その気迫が、龍馬にしては珍しい語気の強さになって表れた。

「足下（貴殿）が、無情なんじゃ。長州は薩摩との和議を渇望し、ともに手を組んで幕府を打ちのめして皇国を興さんと目論んじょる。しかるに窮乏の極にある長州から、和議の件、持ち出すのは士道が許さぬところ・・・」

薩長同盟の時期が来ないと日本の夜明けは来ない、と長州の腹を探るのに懸命な西郷を責めた。

「お前《ま》んの肝《はら》は太かじゃ。雄藩薩摩を動かせるのは、オンシの肝ひとつぜよ。長州が幕府と刺し違えて潰れしまうのは、維新達成のため、何とはしても避けなければならん。のう、西郷《せご》。薩摩のメンツもあるじゃろう。だが、ここは目をつぶり長州と手を組んでくれ。日本の夜明けは近いぜよ」

「薩摩は体面にこだわり過ぎもうした・・・。長州、桂どんの決意のほど、どがん意味か、よっく分かりもうした。坂本どん、いますぐ桂どんのところへ案内お頼みもうす」

かくして薩摩のほうから連合を申し入れ、長州はこれを受けて、西郷・桂の間に薩長首脳会議が京伏見の薩摩藩邸で開かれた。慶応二年一月二十二日、薩長同盟が成ったのである。

その薩長同盟に取り交わされた密約は、小松帯刀および坂本龍馬立ち会いのもとに第二次征長戦の結果を四つの場合に想定し、事後策を練った。

すなわち幕府と長州との戦いが始まり、長州が勝った場合、負けた場合、負けそうになった場合、引き分けた場合を想定し、薩摩藩の動き方をシミュレーション方式で描き、薩摩の対応を確認したのである。

さらに、幕府が敗れて長州の冤罪《えんざい》が解けたときには、薩摩藩と長州藩とは誠意を持って相合し日本のために尽力する、とも文書化して、両藩の歴史的怨念は水に流す事になった。

しかし、その後がまずかった。西郷が席を引いたのを見計らって、桂は「薩長の盟約がなったのも、あんさんのお陰じゃ。証しを立ててはくれまいか」と、朱をたっぷり含んだ筆を差し出した。密約を記した紙の裏側に、もし薩摩が裏切った場合も想定し、何とか書いてくれと言う。

龍馬は黙って、盟約は「毛《すこし》も相違これなく候。将来といえども決して変わり候事は、これなきは神明の知る所に御座候」と朱筆で保証したのである。そして「坂本　龍」とサインをして、この盟約の保証人になったのである。幕末の日本に龍馬がいなければ、こうはいかなかったであろう。

いわゆるこの「裏書き」の件で、桂を「兄さん」と慕ってきた龍馬としては「男がチーッとばかし小せえのう」と、興ざめした。

このへんが桂の損なところだ。薩摩が裏切るとしたら、こんな紙切れ一枚では済まないだろう。

桂は男前のわりには肝が小さいと言われたが、ここ一番でまさに地がでた。しかし、桂とすれば不安でならない。薩摩の風見鶏のような動きが気になってしかたなかったのだ。また、とりあえずは手を組んだように見せかけておいて、政局の風向きが変われば、薩摩はどう転換するかわからない、信用できない。だから、と龍馬に筆を差し出したのだった。桂は真面目すぎたのかもしれない。

幸い気をもんでいた薩摩の裏切りはなかったが、そこは薩長同盟を実質的に仕切った、坂本龍馬の男の魅力が活きたのかもしれない。

龍馬も政局の変化に敏感で、考え方の方向転換をするのは日常茶飯事だ。状況の変化に柔軟に対応いくことができれば、その組織は安全である。亀山社中から海援隊を率いてきた坂本龍馬は、組織作りの才を備えていた人物である。こだわり、しがらみは危ない。

第二次長州征伐に立ち上がった幕府軍と奇兵隊を核とした長州軍とが戦いの火蓋を切ったのは、薩長同盟が成立した直後の慶応二年六月であった。周防大島沖に幕府船が黒々と終結している。奇兵隊との約束どおり、乙丑丸《いっちゅうまる》・元ユニオン号も奇兵隊の配備についた。

しかし、合わせて三隻の軍艦が奇兵隊の戦力である。幕府側には、その十倍以上が闇夜に浮かんで停泊しているのが見える。まともに正面きって戦えば、負けるしかない。

大きな敵を前に、物理的な劣勢を悟った高杉は、新しい策を練った。ならば奇襲戦でいこう。

奇襲は賊がやることだが、勝つことが目的であると考えた高杉は、不意打ちこそがこの戦いにはふさわしい、と察した。

正論など、この場では吐けぬ。「正面から戦いを臨むのは藩兵がやるもの、奇兵隊の戦略は違ってよい」とした。奇兵隊の軍監には山縣狂介《やまがたきょうすけ》が就任した。

奇兵隊は、長州の瀬戸内沖に停泊していた幕府船に、夜襲攻撃をする。慌てた幕府軍は、夜半に蒸気船のカマ炊きを始める。これには時間がかかる。蒸気船の機能が動くには半日はかかる。その間、やられっぱなしであった。志気を失った幕府軍は、逃げるしかない。

士道にあるまじき事の逆手を取った高杉晋作である。これにより、戦の趨勢は長州を優位に導く。「葉隠れ」からの嫡流である武士道への反ばくかもしれないが、勝ちは勝ちである。

海援隊も緒戦に参加して長州を後押しした。しかし、薩摩は傍観している。長州が幕府軍を打ち破るのを見届けようというのである。その薩摩が見守る中で、奇兵隊は新型小銃の威力もあって寡兵よく幕府軍を攻め立て、ついに小倉城に火を放った。

戦の趨勢はわかった。野次馬根性旺盛な坂本龍馬も小倉にやってきて、高杉に「野次馬などでもさせてはくれまいか」と尋ねると、「よろしかろう」と快諾が降りたので、落城の様を見届けた。

龍馬によると「高杉はへたへたと笑いながら指揮棒を振り、酒樽などをかきいだして、しきりに戦わせ、小倉城はついに炎上して一日で敵は破れたり」ということだ。

さらに「是は何事もなく面白き事ににてありし。総じて話しは実と相違すれど、軍《いくさ》は別にして然るもの也」とノオトに記した。

「高杉晋作や山縣狂介が、奇兵隊を指揮して、長州の俗論党（佐幕派で高杉晋作を萩から追い出した一派）を蹴落とした。討幕をやりとぐったぜよ。ほれぼれする隊じゃ。見ちょれや、ワシらの隊も世界に出て商いをする」

小倉城の陥落に勢いづいた長州であったが、将軍徳川家茂の逝去が伝えられると、長州征伐軍は撤退し、これが幕府の息の根をとめた。薩長同盟とはいうものの、本質は長州軍の活躍を薩摩が幕府に手助けしなかっただけのことである。奇兵隊ら長州軍はまさに乾坤一擲《けんこんいってき》の戦いを展開し、海援隊はまさに会社組織の総力を傾注し、長州を支援したとの筋書きが見えてくる。

『明光丸』事件のもみ消しに龍馬吠える

勢いというものは、多少の荒波を乗り越えていくものだ。

亀山社中が海援隊へと規模を拡大したころ、降って湧いたような船舶衝突事件が起こる。海援隊は、伊予の大洲藩から『いろは丸』(一六八トン)を十五日動かし、武器弾薬を金五〇〇両で運搬するとの業務委託契約を交わして、長崎から武器弾薬を積み込んで出航した。

〜今日をはじめと乗り出す船は　稽古はじめのいろは丸〜

一行は船歌も景気よく東に向った。

ところが夜半、海援隊側の蒸気船『いろは丸』と紀州藩所属の『明光丸』（八八七トン）とが航路不注意により衝突、武器弾薬を積んでいた『いろは丸』が沈没した。海援隊の全員は小舟で『明光丸』に乗り移り、無事だった。龍馬の頭には、しかと万国公法が刻まれている。衝突など海難の際には、加害船であろうと乗員救助の義務があるのだ。

当時の船舶規則により、西欧型蒸気船は右舷に青灯、左舷に赤灯を点灯させ、海上を航行していた。『いろは丸』は前方に『明光丸』の青灯を見ていたが突然赤灯に変化したのを確認した。すなわち『明光丸』が急旋回してきたために間に合わず衝突した、と主張した。それが証拠に衝突の際、『明光丸』の甲板には人っ子一人見えなかった。

これは海上前方を見張るべき艦員が不在であり、万国公法に照らし『明光丸』側の過失は明らか、船舶を所有する紀州藩は海援隊に対して責任を負え、と迫ったのである。

それに『明光丸』は、海援隊の乗員を上陸させたあと、長崎に急ぐと言い残して、こっそり出航してしまった。龍馬らは今すぐ談判を開くよう主張していたのだが、龍馬ら海援隊の勢いを恐れてか、長崎奉行を動かして、政治的圧力を海援隊に加えようとしたのだ。海援隊も後を追って長崎に入った。

もみけし工作が海援隊にバレた。

「ひきょうもん、やるか」と龍馬は怒りまくった。すでに薩長同盟は成っている。それを斡旋した自信もあった。「こん際、紀州藩に白黒のケジメをつけちゃる」と龍馬をはじめ海援隊の一行は長崎丸山の料亭「花月」にどっと繰り込んだ。そこで隊長坂本龍馬は前祝いだと言って宴を開いた。三味線片手に大騒ぎをした。

そのとき、即興で作った唄が――

〽船を沈めた　その償いは　金を取らずに　国をとる

というものであった。この自作自演の即興歌は大受けで、芸妓は踊りだすし、隊員は気勢を上げるで、宴は朝まで続いた。やがてこの唄は花街から流れて流行歌にまでなり、判官びいきもあって、海援隊の人気はうなぎ登りとなる。今度は海援隊の大人気が紀州藩に伝わり、世論の圧力に押し潰されそうになった。やむをえず重い腰を上げた紀州藩の幹部は、海援隊側と事後処理の席につく。情報集団でもある海援隊は世論操作に成功したのである。

そして龍馬は事実審理に万国公法の立場から臨み、徹底的に理詰めで事件を追求したが、解決の兆しは見えなかった。そこで、紀州藩からは茂田一次郎を呼び、土佐藩からは後藤象二郎が入り、解決を求めた。

しかし英国水師提督が突如として現れたのである。『明光丸』の船長が、航海日誌などをあらかじめ英国水師提督に見せ、自分たちの優位を認めさせようとしたのだ。

形勢不利と判断した海援隊は「国力をあげて紀州藩を叩く」と威圧した。それを恐れた紀州藩は、一転して英国からの判断を拒否し、薩摩藩の五代才助に調停を依頼した。海援隊もそれをよしとした。

そして、五代の裁定が下りた。紀州藩が海援隊に賠償金八万三〇〇〇両を支払うことで決着した。二転三転した争剋《そうこく》ではあったが、理詰めで勝ちを収めた龍馬ら、海援隊であった。

幕府といえども組織の崩壊とはこんなものだ。対して、ますます盛んなのは海援隊である。

師を想う陸奥宗光

「紀州藩は徳川御三家の一つじゃ。薩長同盟にかかわった海援隊として、この泥《どろ》仕合《じあい》に負けるわけにはいかんかった。しかし、こんワシにはひとつ悩みがあった。

それは小次郎（陸奥の幼名）のことじゃ。あやつは紀州藩の出じゃきに、気をもんでおってのう。もともと狷介《けんかい》な性格じゃきに、海援隊のなかで評判が悪うて、そのうえにあの事件じゃろう。肩身の狭い思いをさせてしもうたぜよ。しかし小次郎には、これは幕府を倒すための策、オンシが気を病むことはないぜよ、と言っておいた」

海援隊隊長、坂本龍馬の心くばりであった。

「坂本は近世史上の一大傑物にして、其《そ》の融通変化の才に富める、其の議論識見の高き、其の人を誘説感得するの能に富める、同時（代）の人、能《よ》く彼の右に出るものあらざりき」

めったに人を誉めそやすことない陸奥宗光が、言葉の限り、隊長を回顧して、畏敬の念を捧げるのである。

事件がみごと解決したその日、坂本龍馬と海援隊の面々は再度「花月」に集い、芸妓と弦妓、太鼓持ちを左右にはべらせた大盤振る舞いの酒で、威勢よくカッポレを踊り、海援隊の勝利に酔ったのであった。

そして例の唄が始まる。

〜御畳瀬《みませ》みせましょ　浦戸《うらど》あけて
月の名所は　桂浜
ヨサコイ　ヨサコイ
ワシの情人《といち》は　浦戸の沖で
雨にしょんぼりぬれて　鰹《かつお》釣る
ヨサコイ　ヨサコイ
土佐はよい国　南をうけて
薩摩あらしが　そよそよと〜

龍馬は、座敷の真ん中に踊りだす。大きな体を前後にゆらりゆらり揺らせて同じ歌詞を繰り返す。隊の者たちが続いて前に出る。芸妓がほめる。

「あ〜らっ、龍馬さん、よか声ねえ〜」

隊の中で一番の酒豪で遊び上手は、陸奥宗光であった。その遊蕩ぶりには箔がつく、と言われていた。しかし、勝利の宴でカッポレを踊る陸奥には、複雑な心境があったに違いない。

そして、龍馬は酒席ではあるが、こう言いきった。「ワシは新政府の官僚にはならぬ。海援隊を欧米に派遣する」と。天稟《てんぴん》の奇略家、商才に長《た》けた坂本龍馬のホンネとするところだ。

隊を抜けようとした男

しかし、龍馬の試練はまだ続いた。長崎でますます盛んな海援隊であるが、隊長坂本龍馬は長崎から再び京に上る。本部の代理は副隊長にまかせてある。

龍馬は常宿の寺田屋に入った。龍馬の部屋は二階の六畳間である。旅支度も解かずに、見慣れた京の風景を眺めていた。

「坂本さん、お手紙どすえ」

寺田屋の女将、お登勢の声がする。

「手紙だと」

「ええ、きのう、お使いの方が持ってきなはりまして・・・」

長崎から差し出した隊からである。旅籠に着いたばかりなのに、なんじゃろ、と不思議に思いながらも、パラリと開いた。長い手紙だ。最後部が畳にトンと音を立てた。龍馬の目が走る。やがて、表情が曇り、唇が小刻みに震えた。

「なんじゃと。饅頭屋が自害した」

龍馬は、ひとり呟《つぶや》いた。

手紙には、こうあった。

―近藤長次郎が隊を代表し、長州藩の毛利敬親公に謁見する事になった。長州がこのたびの幕府戦に勝ち得たのは、亀山社中の面々が活躍してくれたからだ、と毛利公は大変喜び礼を言った。そして金一封を贈ったのである。それを持ち帰った長次郎は、イギリスに渡航しようと企て、その金子《きんす》を資金に当

てようとしたが、隊の者たちに見つかり、その責任を問われて腹を切った、
というのである――

「饅頭屋、オンシはなぜ裏切った。のう、戻ってこい。ワシがそこにいれば自害などさせなかった」

龍馬は壁に頭を押し当て、うなるように声を押し殺して泣いた。呼んでも戻ってくるはずのない長次郎を呼び続けた。

しかし、と龍馬には別の考えがよぎった。

「長次郎の切腹は、こんワシの一存で組織が動かないちゅうコツ、物語ったぜよ。願わくば、ワシの帰還をまって処遇が行われてもよか。じゃが、こん組織は浪士の寄り合いで稼ぐカンパニーなんじゃ。海援隊が、組織として自らの力で事件の処理をした、と考えるべきじゃろ・・・。それが出来る組織に成長したんじゃ。長州の殿様から請けた金子《きんす》は隊のもの、みんなのもの。たとえ礼金といえども、オンシの懐に入れてよかもんじゃなか。隊で稼いだ公金なのだ。それを横取りしたのは、おのしチクト料簡《りょうけん》が狭かぜよ」

私人の情と公人の立場との狭間に龍馬の心はゆれた。

カンパニー海援隊は、明光丸事件といい、厳しい試練を乗り越えながらも、確かに成長を遂げたのである。維新後、海援隊は土佐の岩崎弥太郎《いわさきやたろう》に引き継がれていく。その岩崎も天保時代に生まれ、豪放磊落《ごうほうらいらく》な人物として知られ、不屈の精神を備えていた。

その精神力が、明治以降の実業界に、もうひとつの維新を実現する。

岩崎が龍馬と出会ったのは、藩営の土佐商会に於いてである。土佐商会は後藤象二郎の放漫経営で危機状態に陥っており、岩崎弥太郎は抜擢されて経営の建て直しをしていたころ、龍馬と顔を合わせた。

土佐商会は、海援隊の起こした事件の処理や船舶の調達などの事務にあたっていたのだが、腕を買われて、岩崎が土佐商会を代表することになる。

ところが、海援隊の尻拭いに追われ、対立的な感情まで立つが、いやがうえでも、龍馬とのつながりは深まっていく。耳にタコができるほど世界の海援隊を何度も聞かされたことだろう。岩崎は土佐商会を離れる事になるが、土佐商会は改称されて、岩崎弥太郎は、民営の九十九商会《つくもしょうかい》を設立する。

これが民営であるとの証を立てるため、土佐藩主山内家の家紋である三葉柏《みつばかしわ》をなぞって社章とし、海運業を始めたのである。龍馬が蒸気船を駆使して通商行為を拡大し、海の上に世界を渡る商社を建設しようとした影響力は、岩崎には大きかった。

やがて、岩崎の汽船会社は列強諸国の商船隊と激烈な競争を繰り返し、日本の海にそれらの商船を寄せ付けなかった。龍馬が夢見た欧米型の総合商社は、岩崎によって具体化され、いよいよ近代日本にくっきりとした輪郭を現してくるのだ。

龍馬が去る

立ちふさがった難問の全てが決着した。

ただ残るは新政府を作るための準備である。慶応三年（一八六七）十月、龍馬から開陳された「船中八策」が後藤象二郎を揺さぶり、大政奉還へとつながっていく。

同十月十五日、龍馬は公家らを入れて新政府の役職名簿を作成する。この新政府官制案は、後藤や西郷に回覧されて朱を入れ、岩倉具視に手渡された。この人事案を読んでいたとき西郷が龍馬に声をかけた。

「坂本どん、おはんの名前が抜けちょりもす」

「ワシか。ワシは出らんど」

「なぜでごわすか」

「キュークツじゃから、性《しょう》にあわんぜよ。あとは、お前《ま》ンらがやればええキニ」

「役人をやらんば、なにをやられもすか」

「こんワシは・・・世界を相手にする海援隊でもやりますかいのう」

このとき同席していた陸奥宗光は、後年、このときの情景を回顧して、こう言う。

「あのときの坂本龍馬は、西郷より二倍も三倍も大きく見えた」

そして龍馬は北へ行く。越前福井の光岡八郎《みつおかはちろう》という無名の役人を新政府の参議に登用したからだ。光岡は財政問題に詳しい。蟄居《ちっきょ》の身分であり、藩の監視役が会見の場についてきた。

光岡は驚いたが、新政府の発行する紙幣について話し合った。この紙幣は金との交換ができる兌換紙幣にする事もつけくわえられた。話し終えて福井を去るとき、龍馬はふところから紙のようなものを取り出した。

「こんなモンがある」

一枚の写真であった。それを光岡に渡した。

「ほう。これは坂本龍馬さんですな」

目の前にいる本人よりも龍馬らしい雰囲気がしたのである。光岡には、なにやら不吉な予感がした。

「長崎の上野写真館でとったもんじゃ」

「なるほど、これが写真というもの・・・坂本さんがここに二人いるようですな」

光岡は西洋の技術を誉めた。

福井への旅を終えて龍馬は再び京に戻った。そして朋友、中岡慎太郎と何かを打ち合わせるため、河原町の旅籠《はたご》・近江屋に入る。

慶応三年十一月十五日夕刻である。

新政府の素案も出来たが、万が一のこともある。その万が一に備えた逃げの場所は奥座敷だ。龍馬は床の間に座り、中岡は屏風を背にして、火鉢を囲んだ。行燈《あんどん》は廊下際に置かれ、煌々《こうこう》として光を放っている。

薩長同盟も成り、将来を語る夢で気分は上々であった。海援隊に対し陸援隊を結成した隊長・中岡慎太郎も維新後を語り合うために来た。内容は密談というほどでもない。火鉢の炭が香り立つ。

行燈がジリジリと不安な音を立てた。

河原町の通りから人の声がする。何を言っているのかは耳に届かない。声の調子からして、捕り方ではない、と龍馬たちは察した。旅人だろう。龍馬らには大事業を成し遂げた気抜けがあったのかもしれない。四人の男たちが近づく気配に十分な注意をはらわなかった。

火鉢の炭がコトッと音を立てて傾いた。龍馬の、面擦《めんず》れでそそけだった鬢髪《びんぱつ》が、行燈《あんどん》の灯かりに踊った。

そのとき、人の気配がした。

「才谷《さいたに》先生、しばらくでございます」

襖《ふすま》の向こうから声がかかったのだ。

旅籠の宿帳には、身を守るため偽名を記すのが常識であった。才谷とは龍馬の別名で、坂本龍馬が生まれ育った故郷の地名である。旅籠に寄宿するときには好んで使った。近江屋の宿帳には「才谷梅太郎、他」とだけ書いた。しかし、ここで才谷先生と呼ばれる筋合いはない。常宿としている旅籠でもない。

龍馬らはヘンな殺気を感じた。

襖が左右にスーッと開いた。襖をけり倒されれば、龍馬らも剣を取っただろうが、床の間に剣が置いてある。油断があった。

廊下には剣の束を握った男が四人立っている。そのひとりが無言のまま剣を抜いた。続いて三人が剣を抜く。床の間の剣をつかもうとする龍馬と中岡ら二人を、後《うしろ》袈《け》裟《さ》に斬りつけた。龍馬は鞘で受けたが、白刃は龍馬の頭を斬り払った。四人は、とどめを刺すこともなく、悠々とその場を立ち去った。

中岡にはまだ意識があった。中岡によると、龍馬はこう言った。

「俺《ワシ》は脳をやられた、もういかんぜ・・・」

そして間もなく、絶命した。坂本龍馬の三十三年が終わった。十一月十五日のこの日は、坂本龍馬の誕生日でもあった。

倒れて生き絶え絶えの中岡は近江屋の者に発見されたが、二日後に龍馬の後を追った。

近江屋の奥座敷には、黒い蝋鞘《ろうざや》が落ちていた。これは新撰組が使うものと同類ではあったが、証拠隠滅の可能性もある。龍馬らを襲った下手人は誰なのか、真相が分からないまま、現代にその謎を引きづっている。

～泥の中の雀貝～

坂本龍馬が好んで使った言葉だ。「雀貝」とはシジミ貝のことである。

日本を今一度せんたくいたし申候事ニいたすべくとの神願ニて候

坂本龍馬

年譜

本書を読むための年表
坂本龍馬…一八三五年（天保六年）十一月十五日〜一八六七年（慶応三年）十一月十五日

坂本龍馬の周辺事情

一八三〇年（天保元年）	吉田松陰、大久保利通　誕生。
一八三一年（天保二年）	
一八三二年（天保三年）	
一八三三年（天保四年）	桂小五郎（木戸孝允）誕生。佐久間象山、二十三歳にして信州から江戸に出て儒学を学び朱子学に達する。
一八三四年（天保五年）	岩崎弥太郎、福沢諭吉、近藤勇、橋本左内　誕生。
一八三五年（天保六年）	坂本龍馬十一月十五日誕生。井上聞多（馨）、
一八三六年（天保七年）	松平容保、土方歳三　誕生。
一八三七年（天保八年）	徳川慶喜、板垣退助　誕生。

幕末の周辺事情

一八三〇年（天保元年）	水戸藩、藩政改革に着手。薩摩藩、砂糖の買い入れを始める。フランス七月革命。
一八三一年（天保二年）	長州で農民一揆発生。松前藩兵、外国船を攻撃。
一八三二年（天保三年）	天保の大飢饉。安藤広重、東海道五十三次図を描く。
一八三三年（天保四年）	農民一揆、全国に広がる。ドイツ関税同盟成立する。同盟の内外で輸入税のある無しを設定する。
一八三四年（天保五年）	水野忠邦、老中となる。
一八三五年（天保六年）	日本六十余州に国図の提出。
一八三六年（天保七年）	イギリスでチャーチスト運動が起きる。普通選挙権の獲得を目指したが失敗に終わる。
一八三七年（天保八年）	大塩平八郎、大坂（現・大阪）で乱を起こす。アメリカ船・モリソン号が浦賀に入港するが、浦賀奉行所これを攻撃す

一八三八年（天保九年）		後藤象二郎、中岡慎太郎、山縣狂介（有朋）、大隈重信、グラバー　誕生。
一八三九年（天保十年）		高杉晋作　誕生。
一八四〇年（天保十一年）		久坂玄瑞　誕生。 ジョン万次郎、出漁中に遭難のところを米国捕鯨船に救助され、渡米。滞米十年間に、航海術や測量術を学ぶ。
一八四一年（天保十二年）		伊藤俊輔（博文）　誕生。
一八四二年（天保十三年）		吉田松陰の伯父、玉木文之進が松下村塾を開く　寅之助（松陰の幼名）も松下村塾に通う。
一八五三年（嘉永六年）	四月	坂本龍馬、十八歳。江戸へ入り、北辰一刀流千葉定吉の門下となる。この夏、ジョン万次郎（中浜万次郎）と出会う。
	十二月	佐久間象山に師事する。洋式砲術を学ぶ。
一八五四年（安政元年）	六月	江戸より帰国。帰国後、長岡謙吉や新宮馬之助らと親交を結ぶ。

		る。
一八三八年（天保九年）		緒方洪庵、大坂に適塾を開く　洋学の中心になる。
一八三九年（天保十年）		蛮社の獄　幕府、批判的な勢力には弾圧を加える。
一八四〇年（天保十一年）		長州藩、村田清風による藩政改革に着手。 売薬看板に蘭語の使用を禁止。 アヘン戦争始まる。
一八四一年（天保十二年）		水野忠邦による天保の改革、始まる。幕府権力を強化したが失敗し幕威を弱めた。
一八四二年（天保十三年）		異国船打ち払い令、緩和される。薪や水、食料を外国船に供与する。
一八五三年	六月	ペルリ提督、浦賀沖に来航。
	七月	露使節プチャーチン、長崎へ来航。
	九月	土佐藩、吉田東洋ら革新派を藩政改革に当たらせる。
一八五四年	三月	日米和親条約結ぶ。（和親条約の中身は不平等条約）
	同月	吉田松陰、米艦に乗り込もうとして小舟で接近、アメリカに渡りたいとの意志が米兵に伝わらず失敗。身柄を下田奉行所に送られる。
	七月	日章旗が日本国旗として使われるよ

				うになる。おもに船に揚げた。 八月　日英和親条約結ぶ。 十二月　日露和親条約結ぶ。 （一八五五年十月日仏和親条約） （クリミア戦争、はじまる。一八五五年）
一八五七年（安政四年）	八月	再度江戸へ出たおり、腕試しのため、武術大会に参加。前年五六年から、江戸で二年間を過ごす。青春を武道に打ち込む。その間、千葉道場の塾頭に推される。	一八五七年	十一月　吉田松陰、叔父の玉木文之進から引き継いで松下村塾を主宰する。
一八五八年（安政五年）	一月	北辰一刀流長刀兵法の免許皆伝を授かる。	一八五八年	四月　井伊直弼、田舎大名から大老に就任。出まじき身の不思議なる昇進とみずから運命の神秘に酔う。 七月　安政戊午の大獄、はじまる。 十月　吉田松陰、橋本左内ら処刑。 〈英仏連合軍、清国を占領。屈辱的な天津条約結ぶ〉 〈ムガール帝国ほろびる。イギリス、インドを併合〉
一八六〇年（万延元年）	六月	このころ、武市端山（半平太）と出会う。	一八六〇年	一月　勝海舟、福沢諭吉ら日本人八十五人が咸臨丸で太平洋を横断。咸臨丸は長さ三十間（五十二メートル）の小船。上院、下院に分かれた議会制度や消防署、劇場などを見学して、先進文化に感銘を受ける。 三月　桜田門外の変。井伊直弼、斃される。 〈英仏連合軍、北京入城に際し沿海州を獲得。北京条約結ぶ〉
一八六一年（文久元年）	九月 十月	土佐勤皇党に加わり、武市半平太の家来になる。 高知を出たまま、以後消息不明。長	一八六一年	〈アメリカ南北戦争はじまる〉 〈イタリア統一〉

一八六二年（文久二年）

一月　州に足をのばし、久坂玄瑞の使者と国境で会ったとも言われる。武市差し回しの間諜（スパイ）として、長州萩の偵察をする。そのおり、久坂玄瑞と劇的な対面をはたし、吉田松陰の草莽崛起論にふれて土佐藩脱藩の決意を固める。龍馬、二十七歳。

三月　沢村惣之丞とともに脱藩。

四月　馬関の廻船問屋小倉屋《おぐらや》に現われる。以後、消息不明。薩摩藩に入国しようとしたが、寺田屋騒動をききつけ、予定を急遽変更して大坂へ入る。その後、江戸へ立つ。

八月　江戸桶町の千葉道場に姿を現わす。

十月　千葉重太郎をひきつれて勝海舟邸へおもむく。世情について勝に談判を求めるつもりが、説き伏されて勝塾に入門する。勝の持論でもある京都防衛について、大坂湾の防備が急務であることを、龍馬も悟る。

十二月　近藤長次郎をつれて神戸滞在中の勝海舟を訪ねる。

一八六三年（文久三年）

一月　高松太郎、沢村惣之丞ら、勝塾に入門する。

二月　脱藩の罪が許される。

四月　幕府、勝の進言を受理し、京都防衛の名目で、神戸に海軍操練所の開設を認める。

五月　勝の使者として京都越前藩邸におも

一八六二年

四月　寺田屋騒動。倒幕挙兵をかかげる薩摩藩士が、常宿としている京伏見の寺田屋で、おなじく薩摩藩の公式合体派に襲われる。

八月　生麦事件。

十二月　高杉晋作、久坂玄瑞らの長州攘夷派十余名が、英国公使館を焼き打つ。このころの高杉は、下駄《げた》の底に攘夷と墨で書き込むなど、攘夷主義に凝り固まっていた。

一八六三年

三月　高杉、久坂、伊藤俊輔ら松門一派、吉田松蔭の遺骨を世田谷若林に改葬する。そのさい、将軍家茂の隊列と出くわし、高杉が馬上から罵声を浴びせたが、高杉らの勢いに押されて手も足も出ず。徳川幕府の衰退著しい、と察せられる。

	六月	むく。
	同月	水戸浪人から決闘を申し込まれるが、奉行所の仲裁で難を逃れる。
	七月	陸奥宗光と出会う。
	九月	江戸へ向かう。
	十月	大坂に着く。
	十二月	神戸海軍操練所の塾頭に推挙される。勝とともに江戸へ立つ。
一八六四年（元治元年）	二月	勝に従って、大坂、京都へ向かう。勝に同行し長崎、熊本に入る。横井小楠に出会う。再び長崎に戻り、亀山社中創設の案を練る。
	四月	再度、横井を訪ねたあと、海路六日で京に着く。
	五月	江戸へ向かう。伊豆下田で勝とおちあい、蝦夷開拓について草案をまとめる。
	七月	神戸に、禁門の変（蛤御門の変）の情報が届く。京へ上る。西郷と面談し、薩摩藩との接触を強める。
	八月	神戸へ戻り、勝に京の情勢を報告する。
	九月	神戸海軍操練所、幕府の捜索を受ける。勝に帰府の命が下り、免職。坂本龍馬とその同士は薩摩藩の庇護を受けて、京の薩摩藩邸にかくまわれる。
	五月	長州藩、他藩に先駆け、率先攘夷を決定する。
	同月	長州藩、馬関で米仏蘭艦船を砲撃。後に、伊藤俊輔と井上聞多、洋行先で事件を知る。予定を変更して帰国を決める。
	六月	高杉、奇兵隊を編成。
	七月	薩英戦争。
	八月	長州藩兵、京から追放される。
一八六四年	六月	池田屋事件。新撰組、京都三条河原の池田屋に集合した尊王攘夷派を急襲する。
	同月	禁門の変。池田屋事件を契機に、長州藩の急進派が京での勢力奪回をはかり入京したが、薩摩、会津の連合藩兵に追われて敗走。久坂玄瑞、戦死。
	八月	英米仏蘭の連合艦隊、外国艦船砲撃事件の報復にあらわれ、馬関を砲撃。伊藤と井上が、高杉を説得。高杉、列強諸国の強さを身にしみて知る。長州藩家老になりすました高杉は、伊藤、井上を連れて、旗艦ユーリアラス号上で講和条約を結ぶ。高杉、攘夷論を捨てる。
	同月	禁門の変を理由に、幕府、第一次長州征伐。
	十一月	長州藩、幕府に謝罪する。高杉、大いに怒る。
	十二月	高杉、馬関功山寺で挙兵。

一八六五年（慶応元年）

三月　神戸海軍操練所、廃止。

四月　桂小五郎と会い、馬関竹崎のソバ屋で薩長同盟を説く。

五月　元海軍操練所の、〝学徒〟をひきつれ、西郷吉之介（隆盛）と、京から鹿児島に向かう。西郷邸に滞在。小松帯刀と出会う。薩長和議の話が出る。龍馬、その斡旋をとりもつ意志を固める。龍馬は帰路、横井小楠を訪ね、他の仲間は小松と長崎に行く。

同月　中岡慎太郎の協力を得て薩長同盟の大舞台を馬関に設けようとするが、西郷あらわれず。西郷、馬関を素通りして海路、京に入る。

同月　亀山社中を設立、商社としての営業を始める。龍馬、三十歳。

六月　亀山社中の初仕事として、海門丸を長崎から鹿児島まで回航する。

同月　薩長和議の打開策として、長州の武器買い付けに対する便宜供与を、薩摩藩にもちかける。長州の兵糧米を薩摩藩に渡す交換条件を提示。薩長間の商取引を周旋、まとまる。

同月　高杉晋作と馬関で会い、第二次征長戦争の善後策を練る。

七月　伊藤俊輔、井上聞多、武器弾薬の買い付けをおこなうため長崎に入る。

八月　伊藤・井上、高松太郎の根回しにより、グラバーから銃器を購入する。

一八六五年

二月　小栗上野介内フランスの資金援助と技術援助を得て横須賀造船所の建設にとりかかる。

四月　長州再征伐発令。（アメリカ南北戦争終わる。使用済みの銃器を売り付けようと、内戦状態にある日本は、銃器の大規模な市場として、外国商人に目をつけられる》

薩摩藩士に化けた亀山社中隊員が、薩摩藩船胡蝶丸を使い、長崎から馬関（現・下関）に七千七百挺の銃器等を陸揚げする。一部は上ノ関にまわす。

十月　薩摩藩に米届く。亀山社中、仲介料で大儲けをする。独立採算のメドがたつ。薩摩藩のひも付きである亀山社中を、新しく海援隊として発展解消しようとの構想を立てる。

同月　長崎に入る。亀山社中の事務処理を隊長代理近藤長次郎に託し、馬関に入る。馬関で桂と会い、入京をすすめる。

十一月　ユニオン号（乙丑丸《いっちゅうまる》）の所属と運行権について、長州と亀山社中との間でひともんちゃく起きるが、龍馬の機転により解決。

一八六六年（慶応二年）

一月　京都伏見の寺田屋に着く。近藤長次郎の英国密航計画が露見、切腹したとの悲報を受ける。

同月　西郷吉之介・大久保一蔵（利通）・小松帯刀、桂小五郎、龍馬が京都薩摩邸で会談、ついに薩長同盟の密約なる（二十一日）。その二日後、寺田屋で捕り方に襲われ、手に負傷を負うが、高杉晋作から、貰い受けたピストルで難を逃れる。

二月　幕府軍、長州の四境にせまる。寺田屋のお龍と結婚。鹿児島、霧島へ新

一八六六年

一月　薩長連合なる。

二月　幕府軍、長州の四境にせまる。奇兵隊、大島口で夜襲をかけ、幕府軍の士気を地に落とす。

六月　薩摩藩、幕命に応ぜず出兵拒否。幕府軍、各地で敗退。

八月　第二次征長戦、終わる。

		婚旅行にでかける。		
	六月	長崎の小曽根乾堂にお龍を預ける。		
	同月	乙丑丸《いっちゅうまる》で馬関に入り、高杉の奮戦ぶりを見学。幕府軍、各地で敗退。		
	七月	長崎、鹿児島、馬関を何度か往復する。		
	八月	幕府軍の牙城・小倉城ついに落ちる。高杉とともに、見学。		
一八六七年（慶応三年）	二月	後藤象二郎の放漫経営により長崎の土佐商会が危機に陥り、岩崎弥太郎がその経営の建て直しに抜擢される。	一八六七年（慶応三年）	大政奉還。 王政復古の大号令。 徳川慶喜、フランス公使・ロッシュより国政改革について参考意見を聴取。
	三月	龍馬、岩崎弥太郎と土佐商会で初めて出会う。		
	七月	中岡慎太郎、陸援隊を結成。		
	十一月	十五日　坂本龍馬、中岡慎太郎、近江屋で襲われる　龍馬、誕生日の同日没す。 中岡慎太郎、二日後に没す。		
		高杉晋作、没す。		
一八六八年（明治元年）		維新成る。元号を明治とする。 江戸を東京と改称。 長岡健吉が龍馬の意思を継ぎ、暫定的に海援隊隊長となる。 咸臨丸、清水港で撃沈される　清水次郎長、犠牲となった幕兵を手厚く葬り、のちに山岡鉄舟から精神満腹の書を贈られる。	一八六八年（明治元年）	戊辰戦争、始まる。 五カ条のご誓文。 新政府軍、江戸入城。

一八七一年（明治四年）	土佐商会、九十九(つくも)商会に改称する。商会の社章を三菱柏と決め私企業であることの証を立てる。その後、弥太郎は汽船会社を設立して外国汽船会社と激しく競い合い、造船大国・日本の基礎を打ち立てる。その意味で、彼は龍馬の夢を実現させた人物と言える。
一八七二年（明治五年）	長岡謙吉、海援隊隊長の職を退く。 海援隊の解散となる。

一八六九年（明治二年）	東京へ遷都。 戊辰戦争、終わる。 世直し一揆。 印刷機械が日本で制作される。 人力車発明される。
一八七〇年（明治三年）	山口、藩兵の乱。 横浜で日刊新聞始まる。
一八七一年（明治四年）	廃藩置県。 東京・大阪間で郵便事業開始。

著者　高杉俊一郎（たかすぎ しゅんいちろう）

萩市に生まれる。駿台予備学校論文科講師などを経て、社会文化評論家。講演も人気。幕末時代の人物および組織を研究、また脳を活性化させるパズルを専門とする。

龍馬の洗濯　亀山社中から薩長同盟

二〇〇五年三月二八日　初版発行

著　者　高杉俊一郎
発行者　上里　剛士
発行所　アガリ総合研究所
〒七五八-〇〇七四
萩市平安古町二二五-一
TEL.0838-26-5902 FAX.0838-26-5924
郵便振替 01390-0-64320
http://www.joho-yamaguchi.or.jp/agari/

印刷製本　モリモト印刷株式会社

ISBN4-901151-11-8　C0030